企业家精神

[美] 博恩·崔西（Brian Tracy） 著

王琰 译

追求卓越的秘密公式

ENTREPRENEURSHIP

HOW TO START AND GROW
YOUR OWN BUSINESS

中国科学技术出版社

·北 京·

Entrepreneurship: How to Start and Grow Your Own Business by Brain Tracy/ISBN:978-1722510176.
Original English language edition published by G&D Media©2020 by Brian Tracy.
Simplified Chinese Characters language edition Copyright©2022 by China Science and Technology Press Co.,Ltd. All rights reserved. Copyright licensed by Waterside Productions, Inc., arranged with Andrew Nurnberg Associates International Limited.
北京市版权局著作权合同登记 图字：01-2022-0716。

图书在版编目（CIP）数据

企业家精神 /（美）博恩·崔西著；王琰译 . —北京：中国科学技术出版社，2022.4
书名原文：Entrepreneurship: How to Start and Grow Your Own Business

ISBN 978-7-5046-9457-7

Ⅰ . ①企… Ⅱ . ①博… ②王… Ⅲ . ①企业管理
Ⅳ . ① F272

中国版本图书馆 CIP 数据核字（2022）第 039554 号

策划编辑	赵　嵘	责任编辑	庞冰心
封面设计	马筱琨	版式设计	蚂蚁设计
责任校对	吕传新	责任印制	李晓霖

出　　版	中国科学技术出版社
发　　行	中国科学技术出版社有限公司发行部
地　　址	北京市海淀区中关村南大街 16 号
邮　　编	100081
发行电话	010-62173865
传　　真	010-62173081
网　　址	http://www.cspbooks.com.cn

开　　本	880mm×1230mm　1/32
字　　数	150 千字
印　　张	7.75
版　　次	2022 年 4 月第 1 版
印　　次	2022 年 4 月第 1 次印刷
印　　刷	北京盛通印刷股份有限公司
书　　号	ISBN 978-7-5046-9457-7/F·986
定　　价	65.00 元

（凡购买本社图书，如有缺页、倒页、脱页者，本社发行部负责调换）

出版者的话

PUBLISHER'S NOTE

博恩·崔西是商业和个人成功方面权威专家。博恩已成功举办了5000多场讲座和研讨会，听众累计超过500万人。此外，博恩还为全球主要行业的高层领导者提供商业方面的指导。

在本书中，博恩将带领你了解有关个人的成功、财富、幸福和满足的绝佳选择，并让你领略新颖、符合当下趋势、重要、久经验证的取得成功的方法。正如博恩已故的朋友金克拉（Zig Ziglar）曾经说过的那样：本书将引领你"一路走到巅峰"。

你可能会疑惑为什么博恩会选择"企业家精神"这个话题。简单地说，这是因为我们今天所生活的世界，以及未来你想要成就一番事业的世界，都是有利于企业家的世界。如果你处于二三十岁，你可能会以企业家的身份开创自己的第二或第三职业；如果你已经四十多岁、五十多岁，甚至年龄更长，你一定也会支持自己创业的想法。再列举一些统计数据来进一步说明为什么博恩会选择"企业家精神"这个话题。根据《财富》（Fortune）杂志的统计，截至2016年，与婴儿潮一代的企业家相比，千禧一代的企业家（年龄在20到35岁之间）正在创办更多公司，管理更多员工，期望获得更多财富。

52％的小企业都是居家企业，其中许多人是在职业生涯的中期创办并经营了自己的企业。在这些企业中，75％的美国企业是非雇主企业，例如独资企业。据弗吉尼亚大学达顿商学院（Darden School of Business at the University of Virginia）工商管理学教授埃德·赫斯（Ed Hess）称，在未来10到15年内，美国有超过8000万个工作岗位（占工作岗位总数的47％）可能会被自动化技术取代。

美国劳工统计局（Bureau of Labor Statistics）的统计数据表明，每个美国人在40岁之前平均从事10种不同的工作，而且这个数字预计还会增长。弗雷斯特研究公司（Forrester Research）预测，当下的年轻人一生将从事12到15份工作。

这些统计数据说明：无论你是处于职业生涯的早期还是处于职业生涯的中期，无论你是否有雄心经营一家或大或小的企业，无论你创业是出于自己的主观意愿还是面对自动化技术和裁员的无奈之举，创业比以往任何一个时代都更有可能成为你未来需要面对的选择。

博恩认为创业是一个非常不错的选择。想想上两段中列举的最后一个统计数据，人一生中最多要换15次工作。创办一个企业、更好地控制自己的命运不是一个更好的选择吗？更重要的是，正如博恩所说的那样，创办和经营自己的企业从未像今天一样如此简单。

多年前，当博恩介绍"如何创办并发展成一家成功的企业"这一培训项目时，回顾了在20世纪80年代时创业所要面临的巨大障碍。人员成本、营销成本、长途电话成本、启动资金、所需的基础设施等因素，使自主创业成为大多数人遥不可及的梦想。如今，一台笔记本电脑、无线网络，以及非常实用的领英（LinkedIn）个人档案，就可以实现你的创业梦想。在任何市场中，上述壁垒几乎都已被打破。即便在员工很少，甚至是没有员工的情况下，你依然能够创业。营销和广告的成本也越来越低，生产和分销成本也一降再降。你可以轻松地在家中的办公室开始创业。此外，众筹网站能够帮助创业者轻松地获得启动资金。

这本书的出版对于创业者犹如及时雨，博恩在本书中将向你展示如何利用所有这些条件创办一家利润丰厚的公司，并将公司的员工数量和效益发展到你期望的规模。最重要的是，博恩也会在本书中教会你如何使公司实现长久的成功和可持续的发展，因此你不会像绝大多数企业老板一样，在两三年内成为那些不幸的失败者统计数据之一。

在这个美丽的新世界中，企业家精神是帮助你达到顶峰和掌控自己命运的最佳工具。准备好开始阅读本书吧，博恩在书中介绍

了大多数成功企业家所遵循的"秘密"公式，掌握这些公式，你也

可以成为一名成功的企业家。

目录
CONTENTS

目录
Contents

第一章

欢迎来到创业时代

多年前，当我开始工作时，我的背景十分单薄。我没能从高中毕业，苦苦劳作了多年，奋斗了多年。我很羡慕那些事业比我成功的人，于是开始反思为什么有些人比其他人更成功。随后我开始学习经济学，尤其是重点学习了创业经济学。我发现在过去的二三百年里，企业家一直是社会发展的驱动引擎。

🏛 推动社会发展的企业家

如何来定义企业家呢？企业家是能够抓住机会，以某种方式为客户提供他们想要和需要的产品或服务，然后能够以低于客户愿意支付的成本为他们提供这些产品或服务的人。

我花了数百个小时研究其中的原理，结论也十分简单。归根结底，人类的需求是无限的。无论一个人拥有什么，他们都想要更多的东西、想要不同的东西。

我现在已经写了85本书，我正在考虑再写一本名为《"更"因素》(*The ER Factor*)的新书。你会发现所有人都受到"更"❶("ER")的激励。成功的公司是目前在自己经营的产品或服务领域向客户提供更多"更"因素的公司。在这一点上，你能做的事情没有多少限制。

若想经济独立、过上美好生活并拥有美好生活，最快的方法是能够以更快、更好、更便宜、更简单、更方便的方式向客户提供他们想要和需要的东西。

我最喜欢的例子是杰夫·贝佐斯 (Jeff Bezos) 和亚马逊公司。几十年前，甚至更早，贝佐斯和妻子从纽约开车到西雅图。他的妻子开车时，他在一旁撰写一份商业计划书，在后续的章节中我们也会谈到商业计划书。商业计划书的内容非常简单，包含了客户想要什么、需要什么、愿意为什么买单。

人们喜欢买书。如果你去书店，会发现书店有几千本不同的书，而且大多数情况下，你往往会找不到自己想要的书。所以你需

---

❶ "更"，原文为"ER"即"-er"，在英语中是形容词的比较级的标志，中文译为"更……"，如更好 (better)、更快 (faster)、更简便 (easier)、成本更低 (cheaper) 等。——译者注

要向书店预定自己想要的书，留下你的信用卡，几天或一周后再回到书店取回这本书。正如你所记得的那样，这是购买书的常规方法。

贝佐斯说："如果我与所有出版商达成协议，每个人都能在线订购自己想要的书，会发生什么？购书者可以在电脑上订购书籍，由出版商直接把书寄送到购书者的家中。不仅如此，我们还可以给他们打折，因为我们不必运营一个大型的书店，无须聘请员工，也不用承担送货费。"它的出发点是为客户提供更好、更快、更便宜、更便捷的服务。

这样的想法无处不在。所以你要仔细审视自己的世界，从反思自己开始，问："我想要、需要并愿意为什么买单才能使我的生活或工作更快、更好、更轻松、成本更低？其他人也会喜欢这样的方式吗？"成功的企业家总能发现客户需要什么，他们总能最早地销售最多客户所需的东西，因此便能率先占领市场。

如今，白手起家也能完成创业。大约25年前，当我创办第一家公司时，我需要负担办公室5年的租金、购买一台价值30000美元的大型复印机、购买家具、雇用和培训员工、租用停车场、购买文具。在当时，创办一家非常小型的公司就需要花费数万美元。

而如今，我有几个朋友会说："你想创业吗？带上你的笔记本电脑来听听我的研讨会。"在为期一天的研讨会期间，他们会向你介绍如何开展在线业务、如何找到客户想要和需要的产品或服务、如何进行市场测试，以及如何销售产品、如何将货款存入你的银行账户。

一天的研讨会结束后，你会发现：只要有一台计算机，知道如何创办、建立和管理一家公司，你就可以创造销售额和收入，将资金存入你的银行账户。这是任何人都能学会的东西。

在社会中，你必须具备一些必备的技能。比如，必须会开车、会使用电脑、会使用智能手机，你必须会做那些所有人都认为你应该学会的事情。否则他们会摇着头说："你为什么连这么明显的事情也要人说？"企业家精神像阅读、写作和算术一样是所有人必备的技能。企业家精神就是把世界看作一个充满创造财富机会的世界。

在我们这个世界上，创造财富才能实现经济成功。**创造财富需要能够增加某种价值，做成某些事情**。杰夫·贝佐斯就是一个很好的例子，他的模式非常简单：以折扣价出售一本书，然后将这本书寄给购书者后，便可以获得利润，然后重复这样做。这是基本的企业家精神，并不复杂。大公司是那些能够偶然发现巨大的市场需求的公司。

有时我会问我的听众有多少人是从事纯佣金制的工作，会有一部分人举手。但我会说："实际上，我们都在从事纯佣金制的工作，因为我们都是从我们所创造的价值中获得了一定比例的报酬。"

如果你从事销售工作，你可以通过为公司的产品或服务寻找客户来创造财富。在这个过程中，你为客户带来了价值。如果你愿意，可以为客户提供"更"因素，如果客户很高兴、很满意，便会购买你的产品，这样你就创造了利润并能从中获得一定比例的报酬。

企业陷入困境的首要原因是销售额低，反之，企业能够获得成功的第一大原因是销售额高，其他的所有因素都不是最主要的原因。有人会说"我们没有足够的钱，我们无法筹集到资金"，但是企业可以通过出售产品来解决所有经营问题。你必须出售客户想要的、需要的，并且愿意马上付钱的产品，这是一个可以学习的技能。

在我职业生涯的初期，我每天从早上8：00一直到晚上9：00或10：00挨家挨户敲门卖一个小装饰物，但依然什么都没卖出去。但就在这时候，我的人生转折点出现了。有一天，我找到了公司的销售冠军，问他为什么他的收入是其他人的10倍。

我每周有5到6天都从早上8：00工作到晚上9：00或10：00，而这位销售冠军每天早上9：30或10：00才上班，下午4：30就下班了，下班后就去餐馆和夜总会玩。他和大多数年轻人一样，过着轻松的生活。

他说："给我看看你的销售记录，我帮你挑挑问题。"

我说："我没有销售记录。"

"当你和客户交谈时，你说什么？"

"我只是说我当时的想法。"

"客户怎么说？"

"他们说：'让我考虑一下，也许我不感兴趣、我现在还不想买、我买不起、我不想要它、我不想要也不需要它、我用不到它，等等。'"

"不，不，"他说，"这样的销售方法可不行。不管你想要出售什么产品，首先都必须与潜在客户建立信任。"

100年来的研究表明，任何潜在客户在他们喜欢你并信任你之前，不会向你购买产品。所以你要与客户建立信任。那么如何与客户建立信任关系呢？要把注意力集中在如何帮助客户改善他们的生活或工作，而不是销售产品。

一旦客户认为你只是想销售自己的产品，一切就结束了。他们就不再有兴趣与你打交道。

"如何与客户建立信任关系？如何与客户建立融洽的关系？如何了解客户的需求？如何帮助客户做出好的选择？如何确保客户买到了合适的产品或服务？"这些问题可以通过提问来解决。

优秀的销售人员、商人、领导者会通过向客户提出大量的问题，加深对客户的了解。

我的朋友说"这才是你应该采取的销售方式"，他向我介绍了一套非常必要的销售流程，包括提问、寻找机会帮助客户做出正确的金钱决策、回答客户的质疑、达成交易。

他的话像闪电一般击中了我，直到今天我依然十分震惊：原来所有事情都有各自的系统，销售也有销售的系统，在任何领域想要成功都需要遵循一定的定律。励志作家拿破仑·希尔❶曾说，成功的关键是找到某一领域成功的公式，然后付诸行动。这就像你在厨房里开始做饭之前一定要准备好一份菜谱一样。

在接下来的6个月中，我每天都出门完成我的销售工作。早上6：00到7：00起床出去上门推销，由于我之前一直都没有食谱（方法），所以我采取了一个非常简单的方法：了解客户、提出大量的问题、找准客户想要和需要什么，并向他们展示我的产品或服务如何能够满足他们的需求。在我这样做了之后，我的销售业绩很快增长了10倍。

你需要做的是找到成功的公式。你需要反复地试验，向客户提出很多问题，不断阅读和学习，才能不断变得更好。所有成功的公式都是可以学习的。你可以学习任何你需要学习的东西。我在与一群想在未来3~5年内成为百万富翁的企业家合作时，我问他们："你们想一想，百万富翁是如何从零开始成为百万富翁的？"

当我开始做老师的时候，世界上大约有100万个百万富翁，他

---

❶ 拿破仑·希尔（Napoleon Hill, 1883—1969），著名的励志书作家，著有《思维致胜》《智力爆炸》《思考致富》等。——编者注

们中的大多数人都是白手起家的。而今天，世界上有超过1000万个百万富翁，他们中的大多数人依旧是白手起家。大约有87%的亿万富翁也都是白手起家。换句话说，他们起初虽然一无所有，但他们学到了成功的公式。他们找到了成功的公式，便开始与其他人合作，反复试验这一公式是否正确。即便犯了各种各样的错误，他们最终都得出了能够取得成功的正确的公式。

一旦他们找到了成功的公式——就像麦当劳的快餐公式，他们就可以全面地推行这一公式，并在任何可能的方面运用这一公式。

🏛 选择到企业工作还是自主创业

安全是每个人最基本的需求。人在刚毕业的时候会特别想要成就一番事业，会想知道自己应该走创业道路还是到企业工作。你会如何决定？

心理学家马斯洛指出：在一个人对生存和安全的需求，尤其是财务生存需求得到满足之前，他们不会考虑其他任何事情。换句话说，如果你的钱花光了，除了钱，你不会考虑任何事情，你会执着于获得足够的钱来满足自己生存的需要。所以刚刚毕业的人最关心的就是安全，即如何赚到足够的钱来养活自己。

我写了一本关于权宜因素（expediency factor）的书，我称之为《E 因素》(*E-factor*),说的是:人们总是寻求最快、最简单、最直接的方式来获得他们现在想要的东西,不太关心长期的结果或后果。所以,当人们刚刚从学校毕业时,只要找到一份能够拿到薪水的工作,他们都会愿意去做。原因很简单,因为他们需要吃饭。

如果你反复地做某件事情,这件事情就会成为你的习惯。所以这些人会养成上班只为挣工资的习惯。但不同的人有不同程度的需求,因此一部分人会有更多的需求,他们会设定更高的标准,而有些人则不会考虑这些事情。

在我上课的过程中,我会问:"你所做的最有价值和最重要的工作是什么?"在听众思考了一段时间之后,我会说"答案是思考",也就是说在你做出决定或采取行动之前要提前思考。对于成功来说,最重要的问题是结果。你要问:"采取某一行动的结果是什么?"你提前花越多的时间思考你要做什么以及可能的结果,就越有可能获得成功。

哈佛大学的爱德华·班菲尔德(Edward Banfield)用50年的时间做了一项令人难以置信的研究。这次研究表明:决定经济成功的最重要因素是长线思维。因此,你要提前1年、2年、5年、10年,甚至20年进行规划。

励志演说家丹尼斯·韦特利(Denis Waitley)曾经说过,成功的人种树都只为后人乘凉。因而,政客和政治家之间的区别在于,政客只考虑下一次选举是否能够成功，而政治家考虑的是下一代。

长线思维的关键在于目标。如果你坐下来思考自己的目标，就更有可能做出正确的决策，这些决策也会带来正确的结果，进而使你的生活步入正轨。

成功的最大敌人是舒适区。人们很快就会习惯做某件事情，慢慢地变得得心应手。这时，大多数人会变得墨守成规。另一位著名的励志演说家吉米·罗恩（Jim Rohn）曾经说过：车辙和墓穴的唯一区别在于他们的深度不同。一旦你墨守成规，你所有的努力和奋斗都只是为了待在自己的舒适区里。

关于企业家的影响力有一个惊人的事实：大约80%的企业家都出生于父母都是企业家的家庭中。因此，这些人都会树立一种信念：认为自己可以创办和建立一个企业。他们在孩提时代就认识到了这一点，也能透过表象看到自己的母亲或父亲如何白手起家、努力工作、打造自己的产品或服务，如何销售和交付产品或服务，如何关心客户，使客户反复购买自己的产品。

这些人从潜意识里认为"我可以做到"。因此，企业家的成功很大程度上取决于个人的信念。例如，如果你相信自己能够创业并一定能够取得成功，那么你势必会成功。因为人们想要和需要的产品和服务多达数百万种，这些产品或服务一直在变化和发展。人们目前使用的产品和服务中80%在5年前还不存在。5年后人们会使用的产品或服务中80%如今还未问世。所以创业的机会多到超乎你的想象。如果你绝对相信自己可以创业并能够创办一家成功的企业，便可使这种信念转变为现实。

伟大的心理学家威廉·詹姆斯（William James）曾说，如果你有足够坚定的信念，信念便可创造现实。但如果你没有坚定的信念，如果你的背景平平，如果你的世界里没有企业家，如果你只是和那些没有目标的人交往，那么你会和他们一样随波逐流。创业在很大程度上是一种心理上的行为。

许多企业家都是移民人士。为什么？因为大多数人移民到一个新的国家后，不认识任何人，也不具备太多的知识和技能，甚至连语言都不通，所以他们必须自给自足。因此他们开始销售一些东西。

创业的本质是找到客户想要和需要并愿意为之买单的产品，然后将这一产品销售给目标客户。当然，想要将产品销售给客户还需要与其他同时也在销售此类产品的人竞争。这样一来，你还需要提升自己的销售技能，全方位提升自己的产品，使其更容易出售。举一个时下令人震惊的例子。当下的年轻人喜欢用简写词发短信。我最喜欢的一条是 SMH，即"摇头"（shaking my head）。几个字母便可以简单、直接、方便地表达"摇头"的意思。

这些移民人士入境后，他们一无所有，就买一些旧的、用过的产品在街上卖。美国和许多其他国家的历史中都有从各国来的移民在街上卖东西。其中的一些人现在拥有大型的百货公司、企业集团和工厂，但他们最开始都在销售一些价格更优惠、质量更好、更方便的小产品，结果他们越做越好，销售的产品也越来越多，做起生意也越发得心应手。因此，这些人不仅赚到了许多钱，也实现了公司的扩张。

企业家精神当然也包括服务。我已经举办了5000多场研讨会，在我的研讨会上，我会告诉你，你之所以能赚到很多钱是因为这些都是你应得的。有人会认为能赚很多钱的人都是有钱人，他们关心的只是钱。但"应得"这个词来自拉丁语"deservire"，意思是热心服务，预示着一个人可以通过热心地服务他人而获得成功。

你会发现，最成功的人总是在考虑如何才能比其他人更好地为客户服务。当他们推出一种新食物、新产品或新服务后，赢得了客户的喜爱，客户便会再次购买。

10年前，史蒂夫·乔布斯推出苹果手机时，专家们说："这是给孩子们的、给年轻人的，只是个玩具而已。"他们认为苹果手机永远不会成功。

苹果手机上市后的一年里，黑莓手机生产商 RIM 公司的高层说："苹果手机只是玩具。我们的市场占有率依然遥遥领先于苹果手机，因此我们将减少50%的研发支出，因为我们根本不需要升级或改变我们的手机产品。"5年后，这家黑莓手机公司破产了。

截至2017年，苹果公司已售出约8亿部苹果手机。此外，几个月前针对苹果手机用户进行的一项调查中，当被问到"你打算在未来再购买一部苹果手机吗？"90%的受访者给出了肯定的答案。

几年前，有人说："苹果公司已经没有上升的空间了，已经达到了顶峰。现在是时候出售和购买其他东西了。"像沃伦·巴菲特（Warren Buffett）这样的聪明的有钱人则一直在购买苹果公司的股票。为什么？因为他们了解了上述的调研数据，数据显示90%的购买者会再购买一台苹果手机。那么，苹果手机又是如何定价的？苹果手机每年都在涨价，并且价格越来越高，所以苹果公司的利润也越来越高。

苹果的股票是世界上最有价值的股票，这是最了不起的事情，为什么这样说呢？这是因为苹果公司一直在探索为手机提高性能的方法，使苹果手机比以前更具吸引力。

至于是选择到企业工作还是去创业，知识和技能都是最重要的东西：你要知道如何在商业活动中应用知识和技能。管理学专家彼得·德鲁克（Peter Drucker）表示，80%的企业会在创立之初的2~4年内倒闭。但是有商业经验的人创办的企业80%到90%都会取得成功。

因此，如果你想要自己创业，首先需要学习的是如何做生意：

如何营销、如何销售、如何生产产品，以及如何照顾客户，等等。除非你下定决心把经商作为自己一生的事业，否则你只能为别的公司打工。

再说说为公司打工。相信大多数为别的公司打工的读者的年薪无法达到100000美元或150000美元这个水平。如今，美国的平均工资约为每年22000美元，平均家庭收入为每年50000美元，这样的收入还要解决一家人的温饱问题。除非你毕业于一所优秀的学校并且出生在一个人脉广泛的大家庭，否则根本没有机会赚到如此高的年薪。

如果你技术娴熟，能够在一家高科技公司谋得一份工作，也可以赚到高额的薪水。但社会中80%到90%的人都必须从底层做起。我们需要积累经验，因此大多数人要做的第一件事就是为他人打工积累工作的经验。你必须非常努力地工作才能在工作中表现突出，进而得到提高，直到实现自我突破。这时你会意识到：我不再需要为别人打工了，我可以自己当老板了。

若想达到这个阶段，需要积累3~7年的经验。因此，除非你极度渴望创业，除非你找到了成交之后可以立刻从中获利的产品，否则最好的办法就是先为某家公司工作，学习如何工作、学会准时上班、学会妥善完成工作，学会对老板好、礼貌对待客户，等等。这些东西是你在其他任何地方都学不到的。

大约50%的美国人职业生涯的第一份工作都是为麦当劳打工。麦当劳是美国以及许多其他国家和地区最受欢迎的入门级职位，因为在这里可以学习到所有职场必备的基本技能。

到企业工作也要具备内部创业精神

如果你是公司老板，你要雇用谁？是坐在办公桌后面喝咖啡抽烟、踩点上班、准时下班的员工，还是提前上班、努力工作、主动加班，并且不断提升自己技能的员工？即便你只具备做老板的基本常识，也要雇用一个能帮助你更好地与客户打交道的人。

的确，即使是到企业工作，也要具备企业家精神（entrepreneurial）——这里指内部创业（intrapreneurial）。事实上，我发起了一个内部创新的项目，即"成为一名内部创业家"，意图在公司内部探索更快、更好、更便宜、更轻松地完成工作的方法，同时又能兼顾创造价值。内部创业家的项目是帮助你探索出比以往的自己或其他人为公司做出更大贡献的方法。

如果你能够不断改进自己的工作且能够帮助公司处理好与客户的关系，那么实际上你可以在这家成熟的公司里实现自己所有的目标。

此外，德鲁克曾说，大多数人不适合创业。但请不要因此否定内部创业精神，大多数人都能够专业化：他们能够把某项工作做得非常好，并且工作中的表现也越来越出色，也能够与其他同样出色的人合作。

公司中的员工普遍都具备少量优点和大量弱点。我最喜欢德鲁克说过的一句话："公司的目的是扬长避短，即发挥出员工的长处，请他人完成他们的劣势领域，从而减轻员工的劣势。"

在当前的社会中，有一些工作效率最高和最有价值的人一生都在为某家公司工作，但他们非常擅长自己从事的工作，是真正的内部创业者。他们不断寻求更快、更好、更便宜、更简单的方法来帮助公司实现目标。因此，你也可以做到这一点，也能实现自己所有的财务目标。

有些人则更看重个性：他们喜欢自己当老板。这是通向成功的另外一条道路，但这也是他们心之所向的道路，因为他们热爱创业。

我在研究中发现，大多数企业家的收入低于他们为其他公司工作所能赚到的收入，但他们获得了心理上的慰藉：如果能够自己当老板，他们宁愿收入少一些。如此一来，他们获得了自由和独立，也拥有了选择权。

企业家犯的最大错误是，他们在创业后不久就进入了舒适区，然后便停滞不前，不去思考如何进步，更不会不断提升自己的技能，也不会探索更新、更好、更快、更经济的工作方式。他们只是安于现状，这才是最大的悲剧。

二八定律也能解释这一现象：20%的人不断努力希望提升自己的工作能力，而80%的人则安于现状。安于现状最大的悲剧是你只有一种选择。

有人问自动化的潮流是否会使许多传统行业的人失业，从而迫使大多数人去创业。如果研究过当前的统计数据，你会发现职场中的人（只涉及员工，不包含高管或公司老板）大体可以分为三类：低收入人群、中等收入人群和高收入人群。每个人群平均有大约300万个职位空缺。

如果你与公司老板和经理交流过，他们会告诉你他们招不到高素质或有天赋的员工。尽管人们常说："自动化会取代许多工作，很多人将无法找到工作。"但事实却恰恰相反，而且200年来都一向如此。

你是否还记得20世纪初，80%到90%的美国工人都在农场工作？而如今，只有大约1%的工人在农场工作，但粮食产量却是100年前的20倍。正因为农具和粮食生产的现代化，我们才能实现粮食的丰收，才得以拥有世界历史上价格最低、质量最好的粮食。

认为自动化会导致大部分人失业的想法是错误的。我发现：自动化的工作往往都是无趣的工作，所以诸如流水线工作，整天站成一排的、薪水最低的那些工作都会被淘汰。这些工作是自动化的工作。

工厂的工作也是自动化工作，所以在工厂工作的人需要从事更需要智力的工作、从事与他人交流的工作、创造性的工作或客服工作。这些工作更有趣，互动性更强。对于大多数人来说，他们在工作中最大的乐趣就是与他人交流。

人们在工作中想要的是与同事共度美好时光。他们希望出色地完成工作，得到认可，更擅长从事自己所从事的工作，得到晋升，并受到同事的钦佩。这才是人们在工作中能够获得快乐的原因，但这些是生产线的工作所无法给予的。因此，一旦某种工作的流程实现自动化后，就能解放更多人才去从事更有趣、薪水更高的工作。

我人生中的第一个重大转折点出现在我还在从事体力劳动工作的时候。在隆冬季节，我住在只有一张折叠床和一间小厨房的单人公寓里，早上5：00换乘3次公交车上班，下午5：30到6：00之间下班换乘两三次公交车回家，挣的钱只能满足基本生活。我没有多余的钱出去社交，所以我的业余时间基本都待在自己那间小公寓里。

一天晚上，我意识到我要为自己的生活负责。而我全部的生活就是穷困潦倒地住在这间小公寓里，隆冬季节房间里冷得像地狱一样。除非我能够提升自己，否则只能维持现状。"我要对自己负责"，我仍然记得，那一瞬间的想法就像一个灯泡一样点亮了我。

从那一刻起，我的生活发生了变化。但这些变化并非一夜之间发生的，当然我也无法一次就能飞越围城。但从那一刻起，我意识到我要对自己负责。

你不妨读一下史蒂芬·柯维（Stephen Covey）的《高效能人士的七个习惯》（*The Seven Habits of Highly Effective People*）这本书中的第一章：掌控自己的人生，承担责任。再看看杰克·坎菲尔德（Jack Canfield）的《成功法则》（*The Success Principles*）一书的第一章：承担责任，掌控自己的人生。在我的书中，我也数次谈到了承担责任和掌控自己人生的重要性。

在你的人生出现转折之前，或许什么都不会发生。你只是随波逐流，做着普通的工作，没有取得任何进步。你认为你所面临的所有问题都是别人造成的，尤其是把一切归咎于父母，因为许多人的人生决定都是由父母做出的。你认为你的父母做了或没做一些事情，才让你有了今天的成就；而你日后的成就则取决于你的老板、配偶、兄弟姐妹等做了或没做某事。

80%的人终其一生都将问题归咎于外部因素。但是，如果你放弃自己的责任，也就放弃了自己的权力。如果你放了自己的权力，也就永远无法做出任何改变。你只是像以前一样按部就班地往前走，因为你无须承担责任。如果被解雇了，你会将错误归咎于老板；如果没有赚到钱，你也会归咎于经济形势和政客。

许多年前，励志演说家厄尔·南丁格尔（Earl Nightingale）曾说，每个人在人生的各个阶段的收入都是由自己决定的。一个人的收入水平是由他能做什么和不能做什么决定的。如果你不设定目标、没有不断地提升技能和工作效率，自然无法更出色地完成自己的工作，就会导致收入止步不前，无法取得较大的进步。

如果你想提高自己的收入，那么你就必须为客户提供更高水平的服务。因此，你必须提早上班、努力工作、适当加班。你不能不做出任何的改变，就要求别人主动给你加薪。

你或许看到过别人为了更高的收入而抗议、示威。但如果你想要获得更高的收入，就必须提高自己的工作效率。那些抗议的人最常见的台词就是"我想要更高的收入，但我不想改变我正在做的任何事情，也不想提高自己的工作效率"。

我最近看到过一次示威活动，新闻广播员采访了人群中的一位抗议者。那位抗议者说："我34岁了，依然只能拿着最低工资。"

"你已经34岁了，那你什么时候开始从事自己的第一份工作？"

"十七八岁的时候。"

美国这个世界历史上最富裕的国家之一，每年提供数千个机构的涵盖各个主题的免费在线课程。如果在这样的国家生活了近20年，你都没有取得任何进步，那么20年后，当你依然只能拿到最低工资时，不应该这么明目张胆地向媒体抗议。因为20年过去了，

你仍然毫无成就，总是抱怨和哭泣，将一切都归咎于别人，认为都是老板、公司、经济形势的问题。

我认为每个人都要为自己的收入负责。自己一天的收入是多少是由自己决定的。因此，无论你今天赚多少钱，都是你自己决定要赚的钱。

我经常问我的听众："你最宝贵的金融资产是什么？"他们通常会沉默。接着我会说："当我第一次被问到这个问题时，我也不知道答案是什么。然后我发现我最有价值的金融资产是我的赚钱能力。"你最宝贵的金融资产就是你赚钱的能力，也是让人们愿意付钱给你的能力。如果你想提高你的赚钱能力，必须自己努力，这样才能更快地得到更多更好的结果，客户才会心甘情愿地付给你更高的价格。如此一来，公司才愿意为你升职、付给你更高的报酬。如果你的工作效率得到了提升，公司就会愿意付给你更高的报酬，因为公司担心你会离职。

我的一个非常要好的朋友在读书时就申请了国际商业机器公司（IBM）的销售员的职位。IBM面试了他4次，最终还是没有录用他。IBM的回复是："我们目前决定不雇用你，但请与我们保持联系，说不定日后会有机会。"

他照做了。他完成学业后找到了一份工作，并不断地努力工作，保持阅读且不断地提升自己的技能。随后，他进入了销售领域，成为一名成功的销售人员。每个月，他都会向 IBM 的招聘经理发送一份报告，这一做法持续了大约 2 年的时间。

2 年后，他再次接受了 IBM 的面试，并最终被录取。IBM 的招聘人员说："我们决定聘请你。"他欣喜若狂。这是他一直以来的目标。他终于获得在 IBM 工作的机会，并接受了极好的培训。过去的 2 年中，他每年的收入在 25000 美元左右，而他在 IBM 的起薪是年薪 50000 美元。之后两三年内，他的年收入就达到了 100000 美元，5 年内可以达到 150000 美元，他的收入会一直按照这个速度增长下去。

当他在 IBM 真正站稳了脚跟之后，他问当初面试他的同事们："你们第一次面试时为什么不雇用我？我当初是哪里出错了呢？"他们说："我们从不会在第一次面试时雇用任何人。我们会告诉面试者，我们对你很感兴趣，希望他能与我们保持联系。此后，我们会持续观察他们的行为。如果他们离开后去找了一份普通的工作，那显然不是 IBM 的理想人选。"

我的朋友又问道："但是你们付给我的起薪很高，并且不断地给我加薪。你们为什么要这样做呢？"他们说："因为我们送你去培训，培训后你的技能得到了提升。你的技能提升了以后，便有能力促成更多、更大额的交易，让公司获得更高的利润。我们使你对公司越来越有价值，自然也会愿意付给你更高的报酬，因为公司也担心你辞职。"

如果你为一家不错的公司工作，并且能够出色地完成工作，你就会成为那家公司的资产。当你成为公司最宝贵的资产时，公司会不想失去你。

在我的公司，我过去每年都会采用一种我称之为"优先增长"的方法。我会主动告诉我的员工说："你做得很好，我想给你加薪，因为我真的很欣赏你的工作成果，我也不想失去你这样一位好员工。可以吗？"

这会给我的员工带来巨大的惊喜，他们都欣然接受加薪，并且继续效忠公司。这样一来，从来没有一位员工主动要求我加薪。以前，我经营了一家小公司，公司大概有30位员工，但从来没有人会主动找到我问我"可以给我加薪吗？"因为他们都知道如果他们能够出色地完成工作，我一定会主动给他们加薪。

我会说："我想给你加薪，因为你出色地完成了工作，我也不想失去你这样一位好员工。我真的很感激你。"几十年来，我公司的所有员工都很开心，工作氛围也很融洽，员工之间彼此也相处得很好，各司其职，恪尽职守。他们知道如果他们能够出色地完成工作，自然能够获得加薪。我们的公司就是这样运转的。

因此，你永远不必担心是否能够加薪。你只需要专注于你可以控制的一个因素，那就是你工作的质量和数量。如果你专注于工作的质量和数量，老板自然会主动给你加薪。

⓪ 成功企业家需要具备的个人品质

我经常被问及成功企业家需要具备哪些个人品质。三四十年来，我一直在研究这些人的特征、品质和行为，哈佛大学也做过类似的研究，即究竟具备什么品质才能够让一个人成功？他们得出了这样的结论：最重要的品质是雄心，其次是永不放弃。

■最重要的品质是雄心

这一点占80％或更多。如果一个人足够有雄心，有足够的动力，有足够取得成功的决心，那没有任何东西能阻止他取得成功。

有这样一个有趣的故事可以清楚地揭示美国人的态度和欧洲人的态度的差异。在美国，如果你创业后破产了，第二天就可以重新开始创业。在欧洲，如果你开始做生意然后破产了，你会被人看不起，就好像你犯下了一些可怕的罪行。在欧洲人眼中，倒闭、赔钱是一件可怕的事情，但在美国人眼中，即便创业失败了，也是一件值得他人钦佩和尊重的事情。

再比如比尔·盖茨和沃伦·巴菲特，他们是历史上最富有的人之一。在美国，你永远不会听到任何人批评他们。但在欧洲，富人会因为各种原因遭到批评、嘲笑、怨恨和指责。而在美国，像杰夫·贝佐斯这样富有和成功的人，没有人会批评他们，相反，只会钦佩和尊重他们。人们会幻想自己也许可以成为那样的人或者自己的孩子可以成为那样的人。

曾经有人反思过："为什么欧洲人满足于生活在福利体系中，虽然工资很低，但政府几乎从他们出生到死亡都一直在照顾他们。而在美国，每个人都是创业者！"答案很简单："美国人大多都是移民，而欧洲人大多都是本土居民。"换句话说，欧洲人缺乏开拓的雄心。

有了雄心，你敢于收拾行装，抛开一切。即便再也见不到自己的朋友和家人，即便没有知识、技能、人脉，你也敢于去一个新国家，为自己的生活打拼，不仅是为你自己，也是为了你的孩子和后代。这是一种长线思维："尽管我一生中可能不会做出多么大的成就，即便我可能只是一个打工者或工厂的工人，但我的孩子们可以读书上大学，成为一名医生或律师。"

他们愿意为下一代赌上自己的20年或30年的生命。所以雄心是成功最重要的品质。

当我找到了自己的目标时，我人生的第二个转折点就出现了。我曾经每天都在一个朋友的小房间里打地铺，外面很热，所以我待在里面，那里有空调。这时，我读到了一篇文章，大致内容是说，如果你想成功，就必须要有自己的目标，必须知道自己想要什么。

于是我找到一张废纸，翻到了背面的空白页。

我说："好吧，我的目标是……"然后我写下了10个目标。30天内，我的生活就发生了翻天覆地的变化。我发现如果你能明确地写下自己想要完成的目标，实现这些目标的可能性会增加大约10倍。

你永远不可能实现一个你看不见的目标，所以你要写下自己的目标，并且列出实现目标需要完成的所有任务。然后按优先级和顺序对清单中的任务重新排序，确定你首先要做什么，第二步要怎么做。接下来就是付诸行动。

此后的每一天，起床后就要开始为自己最重要的目标而努力。很快，有时可能只需要一夜之间，你的生活开始展现出某种势头。你开始更快地朝着自己的目标前进。你一定听说过吸引力法则："一个书面的目标会激发出你的吸引力，它把人、环境、想法、见解等各种各样的东西都吸引到你的生活中。"

你是否知道只有3%的成年人才会把自己的目标形成文字？多年前我从厄尔·南丁格尔那里了解到了这一点。其他97%的成年人虽然有愿望、希望、梦想和幻想，但他们没有任何目标。这3%有目标的人的平均收入是没有目标的人的10倍。

这与智力、教育经历、背景或机会都没有任何关系。当你有了书面目标后，就会集中注意力，积蓄自己的心理能力和能量，从而取得更大的成就。

想象一下你要去一个新国家、一个新城市。在没有路线图和路标的情况下，你怎么能到达那个地方？如果没有非常明确的书面目标和计划，你可能永远都在兜圈子。

富人有决心变得富有。我人生的第三个转折点出现在我决定从商致富之时。接下来，你就能意识到你不可能靠领着平均工资而变得富有。在美国，人们平均的时薪约为22美元，但大多数人的工资水平达不到这个标准。所以当你决定要实现经济独立时，你唯一的问题是：如何实现经济独立？哪些方式对于我而言是有效的？

现在讲述我人生的第三个转折点再合适不过了。我发现，通过与公司老板和企业家大量地合作，你可以学习到任何需要学习的东西，从而实现自己设定的任何目标。但最大的问题一直是害怕被拒绝，害怕失败。

如果你想赚钱，就必须创造财富。将产品从一个地方销往另一个地方便可收取更高的费用，创造财富，这就是所谓的套利。套利是整个贸易世界的基础，无论是将远东的胡椒销往欧洲，还是将中国的丝绸销往丝绸之路沿线国家，都是将某种产品从价格较低的地方销往价格更高的地方。

你可以学习任何你需要学习的东西。有人说："我不能成为企业家，因为我不喜欢销售。"

然后，我问他们："你会开车吗？"他们说："会。"

我接着问道："你还记得你第一次开车时的感受吗？"他们说："记得。"

"你当时是什么感觉？"

"真的很紧张、真的很害怕，浑身颤抖，"他们说，"教我开车的教练对我大喊大叫，我自己也不知所措。"

"今天开车时有什么感觉？"我说，"今天你坐到车里以后，甚至不用特地去思考你都能开一整天车。任何技能都一样。销售和打字等其他所有的技能一样，都是可以学习的。你能学会开车，你也可以学会销售的技能。"

每个人是销售人员。每个人都试图以某种方式说服他人与自己合作。在日常的生活中，每个人都在主动或被动地进行销售。如果你主动地进行销售，你是在主动促成某些事情；如果你被动地进行销售，你只是坐在那里等待、期待其他人替你做决定。

人们之所以不擅长销售，是因为他们没有学过如何销售。在我转行做销售的初期，我学会了走出去挨家挨户敲门来完成销售。随后，我开始阅读有关销售的书籍，听相关的音频节目，参加销售相关的研讨会。最后，不论我在哪家公司供职，不论我销售哪种产品或服务，我都能大获成功。

在这之后，我开始教其他人如何销售。我的公司里有很多20多岁的年轻人，这些人都在辛苦奋斗。他们收入微薄，经常感到非常绝望，他们赚钱的唯一途径就是卖我们公司的产品，所以我会教他们如何销售我们公司的产品。

如今，这些人中有许多人已经是百万富翁甚至是千万富翁了。一旦他们学会了如何销售，就表明他们已经克服了对销售的恐惧。你越多地了解如何完成你的工作，你的恐惧就会越少，直至克服所有的恐惧。这时，你会对自己有更高的要求，设定更高的标准，树立更远大的目标。

我的一位朋友现在拥有12家公司，身价数百万美元。他曾说过："我的这一切都始于你当初教我如何销售。从那之后，我就在销售方面取得了巨大的成功，因为我从不害怕任何事情。"所以你只能通过从事销售工作来克服自己对销售的恐惧。

销售要掌握技巧。我曾经和一家资产数十亿美元的财富500强公司合作过。这家公司每年能够创造数百万美元的销售额，也是世界同类公司中的领军企业。他们邀请我到拉斯维加斯在他们的年度大会上向公司的顶级销售人员做报告。该公司有4000名销售人员，他们组织业绩排名前20%的共计800名销售人员前往拉斯维加斯，邀请他们去俱乐部、参加宴会、住酒店。

我与公司的高级销售主管交流："这些人都很积极，很快乐，而且充满活力。你从哪里招到他们的？"他说："我们到学校里直接招聘来的。如果他们已经证明他们可以取得好成绩，这意味着他们能够学会他们需要学习的东西。那时候，他们中的大多数人对销售感到恐惧。我们告诉他们别担心，我们只是向他们介绍了我们公司的销售系统，它就像一个食谱一样。公司也会派一位经验丰富的销售人员与他们一起出去跑销售，手把手地按照'食谱'教他们完成销售流程并指出对错，直到他们有足够的信心自己完成销售工作。"

这些人一旦上手，每年就会创造数百万美元的销售额，最终使这家公司成为该行业中历史上最成功的公司之一。在他们能够独当一面之前，公司不会让他们销售任何产品，只是让他们学习如何销售。

IBM 公司也是如此。IBM 招聘的最基本的标准就是要有积极的个性。你性格好、成绩好，只能说明你有雄心、很努力，但你能从事销售吗？当然不行，你甚至可能害怕销售。

IBM 会进一步告诉员工："别担心，我们会教你'食谱'。"公司教会了员工"食谱"后会发生什么？ IBM 曾经一度在全世界计算机市场的占有率达到82％。IBM 的销售人员被评为高科技领域中最佳销售人员。但他们在能够独当一面之前，并不知道如何销售。

不要因为你对销售有点紧张、害怕被拒绝就让自己止步不前，放弃成为一名企业家的机会。没关系，所有人都是这样开始的。销售和开车是一样的，一旦你学会了如何销售，很快你就会达到一点也不紧张的地步。你只是一个正常、自然、友好和有说服力的人，只是试图帮助客户改善自己的生活和工作。

　　想象一下：由于害怕被拒绝，绝大多数人依然贫穷并且从事低级别的工作。是恐惧阻碍了他们。我在每次演讲的开头就会阐明这一点：几乎所有的失败都是由于对失败和被拒绝的恐惧导致的。阻碍你前进的不是失败本身，而是你对失败的恐惧、对失败的担忧，你会不断地思考："如果我失败了会怎样？"

　　我曾经和我的听众开玩笑说："主办方邀请我今天到这里演讲时，他们告诉我，我将向一屋子的职场失败者演讲。他们告诉我你们失败了，并且失败了很多次，而且是经历了一次又一次彻底的失败。"

　　一开始，在座的听众会以消极的方式回应我，随即我会说："难道他们说的不是真的吗？你有多少次能够在失败、犯错、尝试几次后，依然能够振作起来继续前进？在座的有没有人受伤、流血、经历过肢体残缺或类似的磨难？"这时，在座的听众开始大笑。

　　每次我这样吐槽的时候，他们都会做出消极的反应，随后便会意识到："的确，我失败了很多次。"我会说："你今天依然坐在这里，你依然在继续前进。你如今的成功难道不是建立在过去的失败和学习的基础上吗？"他们都会点头。所以全场观众都因为自己被定为职场的失败者而略微感到高兴。的确，没有经历过失败，怎么会获得成功。

所以，你要有雄心。你要为自己的成功设定非常明确的目标。此外，你还需要另一种品质，我称之为"成功的书档 ❶"。

■成功企业家还要永不放弃

你要提前下定决心，永不放弃，告诉自己："我一定会成为一名成功的企业家、成功的老板。"

几年前流行的访谈节目《戴维·萨斯坎德秀》(*The David Susskind Show*)曾经采访过4位白手起家的百万富翁。他们都在25岁之前成了百万富翁。在采访的间歇之前，主持人问他们："在成为百万富翁之前，你尝试过多少种不同的生意？"

间歇的时候，他们仔细地计算了一下，基本都是17种左右。他们失败、几近失败、破产、接近破产达16次，第17次时才终于成功。

这次访谈剩下的谈话都是关于这个问题：他们是真的失败了吗？答案显然是否定的。他们之前一直都在学习，在前16次的失败中学到了如何使第17次创业能够成功。所以，根本不存在失败这回事，之前的经历都只是到达成功前的积累。困难的真正意义

---

❶ 书档，这里比喻"支撑作用"。——译者注

不在于阻碍你前进而在于指导你如何取得成功。因此，每一个问题或困难都能或多或少地教会你一些东西。

普通人通常会考虑失败带来的损失、痛苦、惩罚，以及自己投入了多少时间和金钱，会认为自己一无所获。但卓越的人会反思：我从失败中学到了什么？

我也曾经这样教育我的孩子。当他们犯错时，我会问他们："你从失败中学到了什么？"我会强迫他们着眼于自己学到的东西。他们会说："我学会了……，我不会再做……了。"我会说："很棒！好好从失败中总结经验教训。将教训铭记于心，把其他不愉快的经历都抛在脑后。"

对于一个创业成功的千万富翁而言，他的人生字典里根本不存在"障碍"这个词。纵使他们犯了很多错误，也损失了不少金钱、尝试了各种办法，但他们认为自己收获了许多学习经验，这就不算是失败。他的公司里也不存在"失败"这个词。

你必须提前做出决定：我永远不会放弃，永远不会放弃。即便这个方法不奏效，其他的方法也会奏效，你只需要关注自己学到的东西，反思"我从这次经历中学到了哪些对我的未来有帮助的东西？"

我的一位好朋友，他最开始是在街上摆摊。随后，他和朋友一起创业，坚持了三四年之后还是失败了。他们损失了所有的时间和金钱，也破产了。因此，他不得不搬回家和母亲一起生活。（顺便说一句，我也有同样的经历。我也经历过一次重大的财务危机，赔光了自己投入的所有时间和金钱。）

我的朋友坐在那里，非常沮丧。他的一个朋友问他："你学到了什么？"他说："我学会了这个，学会了那个。"他的朋友说："把你学到的东西形成文字。"随后，他买了一个线圈笔记本，分类总结自己从中得到的经验教训。

他在笔记本里写道："关于人际关系，我学到了什么？""关于金钱，我学到了什么？""关于客户，我学到了什么？""关于财务，我学到了什么？""关于商业伙伴关系，我学到了什么？"

他在线圈本上写出了几个类别，并在每个类别中写下他学到的所有经验教训。这也成了他日后经商的"圣经"。当他再次开始创业时，这本"圣经"帮他快速重整旗鼓。他以这本"圣经"作为参考，不断反思："我从上次的经验教训中学到了关于人际关系、合作伙伴、金钱、客户和销售的哪些知识？"

在再次创业的过程中，他一直翻阅自己的"圣经"，并最终获得了成功。当然，他也经历了一些起起落落，但总体上是越来越成功。他在50岁时，成了一位千万富翁。他退休后在棕榈泉（Palm Springs）养老，每天打高尔夫球。他已经足够富有，不需要再工作了。

他告诉我他成功的原因是将自己得到的教训都形成了文字。我做了同样的事情。每次当我再遇到类似的经营形势时，我都会回头看看自己记录下的经验教训，反复阅读这些宝贵的经验教训。如果你能够吸取教训，就一定可以获得成功。

但是如果你没有将自己的经验教训形成文字，很可能就会重蹈覆辙，最终只能一无所获。你会变得怨声载道、将自己的错误归咎于他人。所以一定要将自己的经验教训形成文字。

当我公司里的员工遇到问题时，我会说："好吧，事情已经发生了，问题已经出现了，你能总结出自己学到了什么吗？"

企业家需要学习的最重要一课就是认清一个事实：自己无法改变已经发生过的事件。如果某件事发生了，即便结果不好，也是已经发生了。你唯一能做的就是从中总结经验教训，不要生气、不要责备他人、不要怨恨、不要闷闷不乐，更不要认为自己是受害者。你要说："很不幸事情已经发生了，但我唯一能做的就是从中吸取教训，把其他的都抛在脑后。"这种态度能让你洞悉失败的原因和其他你没能认识到的可能性，而不会只顾着生气和怨恨。

这里有一个关于丘吉尔的故事。故事发生在哈罗公学❶，丘吉尔曾在哈罗公学上过预科学校，他在职业生涯的末期回到哈罗公学演讲，有一个学生问他学到的最重要的一课是什么，他的回答和我刚

---

❶ 哈罗公学（Harrow School），位于伦敦西北角，于1572年创建，是英国历史悠久的著名公学之一。

刚说的一模一样。他站起来说："永不放弃。除非违背自己的道德和意愿，永远，永远不要放弃。永不放弃。"然后他坐了下来。

总而言之，你必须通过自己的努力才能变得富有，你需要明确自己的目标、把它形成文字、制订计划，为之努力，努力到成功为止。几年前我写了一本书，我将这本书命名为《开始行动并坚持到底》（*Get Going and Keep Going*），但出版社没有选用我起的书名。成功的关键就是开始行动并坚持到底。明确自己的目标后就开始行动，永远不要放弃，直到成功为止。

如果你提前下定了决心，就好比是给自己设定了一个程序，在你的意志里装了一个弹簧。你要告诉自己："尽管可能会遇到挫折和逆境，也会因此难过和失望，但我一定会重新振作起来。"这样一来，你在遇到任何困难时都会重整旗鼓，永远，永远都不会止步。你会像劲量兔子 ❶ 一样，不断前行直到成功为止。

有一个有趣的发现：几乎每个取得非凡成就的人都不是在自己最初创业的领域取得成功的。他们最初在某个行业起步，经历各种逆转后，终于出人头地取得了巨大的成功。他们获得成功的领域往往与创业之初的领域截然不同，与自己的设想也完全不同。他们之所以能够成功是因为他们从未放弃。

---

❶ 劲量兔子（Energizer Bunny），美国电池广告形象。——译者注

第二章

当代企业家精神的九大误区

在深入探讨企业家精神之前，我想谈谈当代企业家精神的几大常见的误区。

📊 误区一：创业是一件想做就做、很简单的事

我曾与世界各地的上千位企业老板合作过。我一次又一次地发现，成功的关键是准备。因此，如果你想创办一家企业，需要花时间仔细检查每一个细节。

但创业者往往都较为冲动且耐心不足，这也是他们愿意冒险创业的原因。但创业者也需要克制自己，就像驯服一匹马一样。创业者必须花时间仔细检查企业的各个方面。但在创办这家企业之前，需要问自己以下三个问题：

（1）你的产品或服务有市场吗？也许你的亲戚或朋友认为你的

产品或服务是个好的创意，但它是否有市场？市场可能很小，也许只有一个人会购买。客户是否真的会为你的产品买单？

（2）市场够大吗？市场是否大到你可以从中获利？

（3）市场是否足够集中？你是否可以专注于这一市场并销售足够的产品从而负担广告、促销、分销等成本？

创业者最大的错误就是推出没有什么市场潜力的产品或服务。有时候有些产品和服务看起来是个好的创意，但也需要做大量的准备工作。哪些迹象表明你的产品是有市场的？

在现代商业中，存在一种所谓的"概念验证"的方法。如果你有一个想法，那只是一个概念，并不是事实，你如何证明这个概念是正确的？

人们愿意为你的产品买单是唯一能够证明产品有市场的证据。在产品或服务未上市时，你需要预测自己可以获得多少客户，也就是说，有多少客户会真的为你的产品或服务买单？

有人可能会对你说："你的创意很棒！如果你能将产品生产出来，你就能大获成功。"

"好的。你能给我一张存款支票吗？"

"等一等。"

因此，你需要制订一份商业计划书，能够使你全方位地考虑该业务的所有细节：是否有市场？市场足够大吗？如何把产品推向市

场？推向市场后产品的价格是多少？产品的竞争对手是谁？其他公司的产品与你经营的产品有什么不同……

紧接着，你要计算出产品的定价、成本并确定产品的交付方式。你需要计算出产品的销售成本、生产成本和分销成本。你愿意支付销售人员多少提成？

有时，还要考虑到瑕疵品和商品破损的问题，需要召回这样的商品。此外，还要考虑到运输成本。我曾与一家有着绝佳创意的公司合作。他们认为自己的产品非常好，客户会非常乐意购买他们的产品，但他们发现销售的总成本约为总成本的40％。40％的销售成本意味着很多公司根本不会想要将这一产品推向市场。

我曾经参与过一项投资额高达数百万美元的项目。我的搭档向我介绍这一项目，他写了非常详细的计划书。看起来这个项目非常不错，因此我投入了大笔的资金。这是一个房地产开发项目，从最开始收购土地，到竣工、创收大约需要两年的时间。

但后来，我发现我的朋友不够聪明，或者说可能是对我不够坦诚。他没有计算持有成本、利息成本（占每年投入地产和建设的成本的6％到8％）。这真的是一笔巨款！当项目进展到开发的关键环节时，除了没有收入外，我们每个月还需要消耗50000美元。没有将这两样成本计算在内导致我们濒临破产！

你的产品需要多长时间才能实现收支平衡并产生收入？需要

多长时间才能收回资金？这家公司没有考虑过这些问题，也没有将利息费用计算在内，甚至在商业计划书中都没有谈到这两点。

所以创业时，方方面面都要考虑到。在我20多岁时，我学到了一条让我受益终身的伟大原则：在纸上构思。把一切都形成文字。将所有内容形成文字后，不论是客观的，还是主观的，持怀疑态度的第三方可以就每一个细节向你提出质疑。在创办或经营一家公司时，永远不要想当然，要反复检查各个细节，得出结论后就记录下来。

我把正在参与的一个项目的所有信息汇总后，发给了我的朋友们看。他们看过计划书后，向我反馈："你没有把这些数字包括在内、没有包括这些费用、没有计算这个利息，如果你把所有这些成本都计算在内后，结果会怎样？"

有这样一条规则：很多项目最终都需要花费预期三倍的时间和两倍的成本。在我职业生涯的早期，我就意识到了这一点。我把这一规则告诉了成千上万的企业主、企业家和创业者。许多人都再次找到我，告诉我说："我以为我会超越这个定律。我不喜欢那个数字，所以我有些大意。但年复一年，事实证明的确如此。很多项目最终都需要花费预期三倍的时间和两倍的成本。"

如果你认为你会在三个月内实现收支平衡，那么你很可能会在九个月内才能实现收支平衡。如果你认为某个项目的成本是 X，那

么成本可能是 2 X。你需要按照这样的方式计算成本。如果计算出的数据不符这一公式，那么你可能真的是走了大运。

准备是专业的标志。永远不要认为什么事情是理所当然的，也不要做任何的假设。你需要反复检查每个数字和每个细节，这样才能完成概念验证。此外，还需要进行外部验证。许多公司会聘请外部公司对自己计算出的数据进行分析，从而得出真实的情况。真实的情况才是你最值得信赖的朋友。

我曾经和一位白手起家的朋友合作过，现在他非常富有。他计划投资某个项目。他相当成功，资金雄厚，市场行情似乎也很好。于是他和两个人开始在办公室里收集资料、研究项目、反复核查、与业内人士交谈，等等。他们花了六个月的时间筹备。最后，他们得出了结论："这不是一个好的项目。"

再说一个关于沃伦·巴菲特的精彩的小故事。他出去打高尔夫球时，他的同伴说："沃伦，我赌 1000 美元，赌你不能从开球区把球打到果岭上。"巴菲特看看果岭，又看看开球的位置，随即说："不，我不和你赌，这不是一个好的赌注。"

他的同伴说："来吧，沃伦，1000 美元对你来说就是小菜一碟，对你来说不值一提。"巴菲特说："小事糊涂，大事也会糊涂。我不会这样做，这是一个愚蠢的赌注。"

你必须也要抱有同样的态度——"小事糊涂，大事也会糊涂"。

如果你愿意花小钱做愚蠢的事情，那么你不可避免地会花大钱做真正愚蠢的事情。

我的一位导师，从一无所有开始，积累了9亿美元的财富。他告诉我："博恩，加入某个项目比退出容易。在投入时间和金钱之前，你需要做尽职调查，要审慎地思考。虽然这可能需要花费一点时间，但这是必不可少的环节。为了进行概念验证，你甚至也需要投入少量的资金进行检查。但一定要在你打算加入某个项目前，完成主要的调查，因为退出总是比加入更难。"

我最喜欢的商业词语就是"尽职调查"——仔细地反复检查所有细节。我犯过的最大、代价最高的错误，几乎毁掉了我多年的辛勤工作和积蓄，就是因为没有做尽职调查、没有反复检查、没有做好准备。尽职调查是所有创业项目的起点。

此外，还要注意：除了投入金融资产和资本外，还要投入人力资产。换句话说，准备好投入必要的时间研究和获取信息，而不只是投入金钱。投入时间一定能够带来相应的回报，但投入金钱却不一定如此，问题的关键不是你投入某项业务的金钱，而是最初积累这笔钱需要花费的时间。

如果你没有做好充分的研究，不仅会浪费时间，也会遭受金钱的损失。如果做足了充分的研究，会避免创业中可能会遇到的90%以上的问题。

我每周都会收到创业者的投资申请，有时一周会收到两到三次类似的申请，他们基本都在讲述自己倒霉的经历："我有一个很棒的商业构想，但没有人愿意给我启动资金。我有个伟大的商业理念，但我找不到愿意给我投资的人。银行不给我贷款，更没有人会借钱给我。"

虽然我尽量含蓄，但我也会指出："既然你已经是一个成熟的成年人了，没有钱投资自己的项目，说明你这个人不值得别人投资。如果你已经活了20年或30年依然身无分文，还不得不去寻求别人给你投资来实现自己的商业构想，别人也会认为你不值得投资。因为投资你需要承担较大的风险。"

大多数愿意借钱给你的人是建立在共同投资的基础上：他投资一部分，你也要投资一部分。几年前，我曾经也向银行申请过贷款。银行想了解你在这次创业中需要多少钱、你有多少积蓄、投资了多少、有多少资产。

我很惊讶地了解到，银行能够给新的企业或现有的企业贷款的条件是能够获得5倍借款金额的担保。我认识的银行职员告诉我："我们想要5倍借款金额的抵押品。如果你想向银行贷款10000美元，则需要向银行证明你的所有资产（如储备金、汽车、房屋、储蓄账户、保险单等）的价值达到或超过50000美元。你有能力可以用此来偿还这笔贷款。"5倍，我简直不敢相信！如果你的业务能够连续两年都能赢利，银行会逐渐减少其要求的担保金额。

银行不会做赔钱的业务，银行只愿意批准优质贷款。所谓的优质贷款是指无论你的业务或抵押品发生任何情况，你都有能力偿还贷款。如果你想向银行贷款，你需要做的是让银行相信你不一定真的需要贷款，你很有钱，只是希望通过贷款更快地扩张自己的业务。

🏛 误区二：想要创业成功，必须要获得风险投资人的投资

有些创业者认为风险投资人是创业成功的关键，但风险投资人收到的100份申请中有99份都被他们扔进了废纸篓。这就凸显了"电梯游说"的重要性，也就是说你能够在电梯上下8层楼的时间内向风险投资人证明向你投资是安全可靠的。

如果你看过一档叫《鲨鱼坦克》(*Shark Tank*)的节目，你会发现候选人被拒绝的主要原因是没有销售潜力，他们完不成那么高的销售额，或者是销售额不能带来足够的利润，投资者不相信他们能创造足够的销售利润来成功创业。在鲨鱼坦克这个节目中，很多人希望投资人投入一大笔钱来实现10%的业务增长，却无法说服这些投资人。他们也没有说服任何人，因为他们已经经营了两三

年了，但几乎没有卖出去多少产品。

投资人有很多资金，也有大量可以投资的钱，但他们的钱只会流向那些能够证明他们有能力偿还投资的本金并能为自己带来利润的创业者。因此，你需要做的不是找一个聪明的理由让投资人向你投资，而是向他们证明你可以创造出远远超过成本的销售额。你必须证明这是一个很好的商机，而你只是再需要多一点资金就可以迅速抓住这个商机。

在硅谷，你可能为了创业和获得利润投入大量的资金，并且资金的主要来源是自己的家人和朋友，但即便如此，你依旧获利不多甚至一无所获。有时候，要实现赢利，可能需要花费五到七年的努力。然后，你的公司成功之后，你可以卖掉它，这样就能为自己和信任你的人赚得一笔可观的利润。之后，这些人会争相向你投资。只要你证明你有能力偿还贷款，投资人从来不缺能够投资的资金。

没有人想做亏本的买卖，更没有人想承担风险。有人认为承担风险是企业家的职责，但事实却并非如此。企业家的职责是降低风险甚至是消除风险。只要你能证明你有能力销售足够多的产品或服务来偿还这笔钱，并且能够创造更多的利润，就会有人愿意向你投资。

如今，大多数企业的资金来源可以概括为三个"F"：家人（family）、朋友（friends）和傻瓜（fools）。也就是说，你创业的资金源于你自己的钱、家人的钱、朋友的钱和傻瓜的钱。但随着时间的推移，很大一部分新的企业都倒闭了。

如果是经营全新的产品或服务的企业，失败率更高。这通常是因为创业者没有经验，他们缺乏将产品或服务推向市场的经验。

我通过自己的努力成功地创办了自己的企业，许多企业家也是这样起步的。创业其实很简单：你构思了一个产品或服务的想法，向客户介绍你的产品或服务并成功将其卖出去，便可获得利润；将获得的利润投入企业，用于生产和销售新的产品或服务，从而赚取更多的利润。不断如此，循环往复，便可创业成功。

这个过程可能需要耗费几个月，甚至是几年的时间。但用最少的资金来维持企业的生存要比通过借款或贷款来维持经营要好得多，因为在没有额外的资金支持的情况下，从第一天起你就必须发挥自己的创造力并延长工作的时间。

有趣的是，如果你自己创业，那么每天只需要工作一半的时间，你可以任意选择一天中你喜欢的12个小时，每周至少工作6天，大多数情况下要工作7天。创业者平均每周工作60到70个小时，折算下来就是每天10到12个小时，每周工作6到7天。如果你觉得创业时没有必要工作这么长时间，当你真正开始创业时，你会大吃一惊。

我有一个好朋友，他创业时是做设计海报的小生意。最初的

两三年，他一直住在自己的店里。晚上工作结束后，他就睡在桌子上。早上起床后，他通常会走到街角的麦当劳吃早餐，之后就持续工作一整天。一天结束后，继续躺在桌子上睡觉。

为什么？因为他负担不起再租一个房子的费用，也负担不起通勤的费用。他只能一直工作。

创业之初，一切都比你预期的要贵得多，甚至贵两倍到三倍。我想重申一下刚才说过的一条惯例：很多项目最终都需要花费预期三倍的时间和两倍的成本。产品或服务的价格很大程度上取决于客户愿意支付的金额。因此，获得更大利润的唯一方法是提高生产效率，用越来越低的成本生产产品或服务，才能获得利润。

有一段时期，我投入公司的钱只够用来支付员工两到三年的工资。这样我必须从其他渠道获得资金支持。我不得不再打一份工来维持自己公司的运营，因为我知道要花很长时间才能使公司扭亏为盈。但如果我不这样做，如果我没有把所有的钱都投入公司，就无法维持公司的运营。

我最终做到了。公司终于扭亏为盈了，销售的收入大大高于了公司的生存成本。公司开始赢利，运营状况非常好。

每个人都说："你真的很幸运"。但成功需要的不只是幸运。许多企业家都必须全力以赴，每天工作12到16个小时，这样一直持续三五年后才能出现转机，才能实现销售收入大大超过企业的生存成本。

几年前，《福布斯》（*Forbes*）刊登过一篇非常精彩的文章。文章指出，每一次创业都是在与时间赛跑。这就好比一架飞机冲向地面，资金用完的时候，就是公司"坠毁"的时候。你是否能找到一个方法，在耗尽所有资金之前，实现销售收入超过企业的生存成本？这就好像在飞机俯冲的过程中将其拉升，你的生意也突然一飞冲天。这似乎是个好主意，但很快飞机又会急速坠落，冲向地面。你争分夺秒地努力就是为了在耗尽所有资金之前，赚到比生存成本更多的钱。这就是为什么聪明的投资者不会投资创业公司，因为失败率太高了。

如果我对你说："即便你筹到钱，打算开始创业。我保证你99%会失败。"你可能会说："你一定是在开玩笑！为什么失败率会高达99%？那还不如把钱存到银行里。"的确，你最好把钱存起来、购买互惠基金，而不是投资一项失败率高达99%的创业公司。这就是为什么新公司想要筹集资金会如此之难，除非你过去有过良好的业绩。

业绩记录是概念验证的另一种形式。业绩记录能够证明你已经经历了创业初期最难熬的阶段，也能从侧面证明你的业务是能够赢利的。如果有过一次相关的经验，可以多次尝试。

我曾经和中国台湾地区的一位著名企业家交流。在一次私人

午餐会上，我经人介绍认识了他。媒体称他为"中国的杰夫·贝佐斯"。他登上过所有的商业杂志，他在美国完成了自己的学业。见证了亚马逊的兴起后，他说如果将这样的创业模式引入中国台湾地区也一定能大获成功。

他回到台湾后就去拜访了许多出版商，问他们是否愿意通过网络的媒介销售书籍。出版商一致的答案是说："不，绝对不会，因为这完全不符合中国的文化。书籍是需要购买者亲自到书店里，一本一本看过、挑选后才能购买的商品。"

他不停地走访各个出版商，累计走访了成千上万家出版商。要知道，仅在亚洲，就有超过13亿说汉语的人。最后，他找到了一家同意采用他的方法（一种改进版的亚马逊的销售方法）销售图书的出版商。最开始只卖出去了几本书，随后销量越来越好，越来越多的出版商愿意和他合作。

此后，在中国，许多出版商开始意识到这是一种新的图书销售模式。越来越多的出版商开始通过网上销售图书而获利（所有商人真正关心的是销售额和利润）。所以越来越多的出版商加入了网络销售的浪潮。

如今，十几年过去了，他在台北创办了销售中国图书的亚马逊模式网站。所以我说："天哪，太不容易了！听起来你被拒绝了很多次。"他说："如果我在前5000次被拒绝后就放弃了，我不会有今天这样的成就。"

"现在你做出了一番大事业！"我说，"你上了杂志封面，也赚到了不少钱，开着豪车，也有自己的司机。你现在还是持有公司的全部股份吗？"

"并没有。"他说，"事实上，我只持有公司3%的股份。有时候，为了缓解公司的燃眉之急，能够使公司得以生存下去，我不得不出售公司的部分股份。1%，2%，月复一月，年复一年，最终只剩下3%的股份。"

此外，我发现二八定律也能解释贝佐斯的成功。80%的成功是创业过程中最后20%的时间里实现的。创业过程中，80%的时间里，你都无法取得成功。虽然你全力以赴，付出了100%的努力，但根本没有取得任何的进展，业务像飞机起飞之前的长跑道一样平坦。经历这一段时期后，你的业务才开始好转，开始实现赢利，这意味着你找到了正确的方法。

在最后20%的时间里，你的业务开始飞速发展，就好比一架快速飞行的喷气式飞机。许多创业者还没有付出80%的时间就放弃了，他们挣扎、挣扎、挣扎，最后说"见鬼去吧"，就放弃了。在业务取得飞速发展之前，你永远不知道转折点在哪里。这就是为什么我之前说你必须下定决心永远不要放弃。

 误区三：只要产品或服务好，创业就能成功

我在创业之初，就曾经为客户有如此之多的选择而感到震惊。作为创业者，你就像喜欢你的孩子一样喜欢自己的产品，你认为这个孩子很出色，而其实每个父母都认为自己的孩子很出色。如果你是学校校长，你需要面对一千个孩子。

当你将产品推向市场时，你潜意识里会相信自己的产品一定非常好。需要再次强调一下，客户都只是想要图方便。他们总是想买到最方便、最便宜、最容易使用的产品，总之他们希望产品的各个方面都更好。

但是，客户最终会因为产品的某一特征或属性而购买某个产品。即便你的产品或服务可能具有3种甚至是30种优点，但客户总是会寻找对他们来说最重要的一种品质，随后他们会就此品质与其他产品这一方面的品质进行比较。营销中最重要的两个词是对比和比较，客户不会在不进行对比和比较的情况下做出购买决定。你的产品必须是功能相同的产品中的最佳选择。

我家里有一本书叫《待完成之工作》（*Jobs to Be Done*）。每个产品或服务都能为客户完成一项工作或完成一项任务，但客户只会购买在相同的价格范围内，能够比其他产品更好地完成某项任务的产品。这就是我们所说的产品或服务能够解决客户的问题。每一

个产品或服务都必须为客户解决一个问题，只要产品能够解决客户希望解决的问题，客户就愿意为此买单。

此外，创业者还需要了解一个概念，我称之为"要实现的目标"。每一款产品都旨在为客户实现一个客户尚未实现但想要实现的目标。你必须证明你的选择、你的产品功能和解决问题的能力优于任何其他竞争产品，如果不是这样，客户自然不会选择你的产品。

客户是无情的。他们的血管里流的是冰水，他们只想知道一个孩子想知道的东西，即产品对我而言有什么意义？是否能够超出我的预期？这一产品必须好于他们使用过的任何其他产品，否则他们不会购买。

有的客户会说"我会考虑的"。但当客户对你说"让我考虑一下"时，他们其实在说："不，我不会买的。我也不会考虑，因为我看不出它在实现这个目标或解决这个问题方面比其他产品好在哪里。"也就是说产品要与市场匹配。

举一个很好的例子：随着甜甜圈受到越来越多人的追捧，市场上出现了一家名为卡卡圈坊（Krispy Kreme）的公司。这家公司制作的甜甜圈味道非常独特。甜甜圈上涂抹了一层特殊的焦糖，使甜甜圈尝起来好吃到爆炸！因此，卡卡圈坊制作的甜甜圈风靡市场，买甜甜圈的人在街区里大排长龙，有时排队的人多达200到300人。此外，《财富》和《福布斯》杂志，以及电视节目都报道了该品牌的甜甜圈。大家从来没有看到过这样的场面：那么多人狂热地痴迷于甜甜圈这样普通的东西，进到店里不是只买一个甜甜圈，而是买一盒；买到的客户不会把甜甜圈存放在冰箱里，而是坐在店外的路边一口气吃下一整盒甜甜圈。

加盟一家卡卡圈坊的费用为100万美元。人们争相变卖自己的房产、汽车和其他生意用来加盟卡卡圈坊。但两年后，这些人都破产了。

究竟发生了什么？是因为有人在《纽约时报》和《华尔街日报》上发表了一篇文章。文章指出，经常食用卡卡圈坊甜甜圈的人的腰围会立刻变宽2到3英寸（1英寸≈2.54厘米）。这是美国历史上最令人发胖的一种糕点。一时间，这家甜甜圈丢失了所有的市场，全国各地的卡卡圈坊甜甜圈专营店也空无一人。为什么一个小小的变化却带来如此巨大的灾难？因为客户会出于某一原因痴迷于某一产品，也会出于另一个原因不再购买这一产品。

 误区四：要成为一名成功的企业家，必须要发明一些新颖的且具有突破性的产品

实际上，想要发家致富，只需要对现有的产品稍作创新或改变，哪怕只做10%的改变，只要那10%是客户想要、需要并愿意为

此买单的东西。

寻找商机的一种方法是"强化某一要素"。你要反复思考："客户不喜欢的销售产品或服务的方式是什么？"

我最喜欢的故事之一是关于一个年轻人的故事。他是一个孤儿，名叫汤姆·莫纳根（Tom Monaghan）。在他上大学的时候，他既没有钱也没有家人，所以他一直在大学里以送比萨为生，因为学生们喜欢吃比萨。

每次莫纳根把比萨送达时，学生都会对他发脾气："为什么要这么久才送到？我一个小时前就订了！"

他向学生们解释说："先要接单和准备食材，然后才能烘烤、装箱、切块，最后才能派送、送达。所以有时候需要一个小时，甚至有时需要更长的时间。"

莫纳根送了一年的比萨，他很细心，所以他记录了学生们买比萨的习惯。他发现可以用二八定律总结这家比萨店的产品结构：虽然这家比萨店（一家夫妻店）售卖四五十种比萨，但80%的人都是购买其中的8种比萨，且都是中等尺寸的比萨。

莫纳根去找他的老板路易吉（Luigi）和罗西塔（Rosita）说："我们为什么不预先做好这几种比萨？这样便可以立即发货。客人叫外卖时，你就可以说'如果你点这几款比萨，我们可以在30或45分钟内送达。'"他们说："不，不，不，这样的方式不适合制作比萨，

这不是比萨生意的经营方式。我们一辈子都没有这样经营过。"显然老板们处于舒适区内。所以，这些学生只能继续朝莫纳根撒气，因为他们的比萨依旧需要一个多小时才能送达。慢慢地，莫纳根意识到，当学生们点比萨的时候，他们已经饿了，所以忍受不了要等一个小时，他们立刻就想吃到比萨。人们饥饿的时候，脾气通常都不好。我儿子称之为"饿怒"，这些学生就表现出了饿怒的状态：当他们饿的时候，就会生气。

所以他像德州扑克（Texas hold'em）一样，改变了一切。他在离他工作的那家比萨店两三个街区之外的地方找到了一家破产的比萨店，他把自己的全部家当——一辆大众汽车给了房东，兑换两个月的房租。然后他又从朋友那里借了一些钱，包括他的弟弟，弟弟也是一个孤儿。

他们购买了原料，并提前加工好了一些比萨。随后，他在大学周围张贴标语："比萨30分钟内送达，否则免单。"这对学生来说有很大的吸引力，因为学生没有多少钱。

学生们纷纷购买他家的比萨。他将自己的公司命名为达美乐比萨（Domino's Pizza）。目前，全球有超过8000家达美乐比萨餐厅。创始人汤姆·莫纳根身价高达23亿美元。他是世界上最富有的人之一，只是因为他意识到：当人们点比萨时，他们已经饿了。

这就是需求，这就是问题所在，这就是目标。人们现在就想要吃到比萨，你需要做的是快速将比萨送到他们手中。

有些人抱怨说，虽然达美乐比萨的店铺数量成百上千，但比萨不如那些需要60到90分钟才能送到的比萨好吃。但有人说："谁在乎？速度快就足够了。"

一个身无分文的孤儿学生，做着一份普通的工作，开着一辆二手的大众汽车送比萨。他想出了一个主意，只是提升了一个要素：客户拿到比萨的速度。如何才能提高速度？缩短准备的时间，提前加工。这样，接到订单后的10到12分钟便可将比萨从店里送出去。

如果你是一个有抱负的企业家，你的工作就像雷达，只需要在平凡的工作中找到令大部分客户恼怒或讨厌的小问题。找到问题后，反思如何解决这种问题，思考如何解决这个客户的问题，怎么才能让客户满意。

此外，要保证产品有足够的客户。不论我投资哪一项业务，我一定要确保公司所在的国家至少有100万名客户会购买该产品或服务。当然不会有100万名客户都会购买你的产品，你能够拥有10000名客户就很不错了。如果你拥有10000名客户，并且这10000名客户会反复购买你的产品，并能再获得10000名新客户，你一定会变得非常成功。

试着想出一件让许多客户感到非常恼火的小事，这就是客户愿

意花钱解决的问题。你要成为第一个为他们解决这个问题的人。

🏔 误区五：大多数企业家都是盲目的冒险者

正如我在前面的章节中谈到的那样，成功的企业家是那些在追求利润的过程中能够规避风险的人。成功的企业家是那些能够找到方法创造利润并能够以低于客户愿意支付的价格向客户提供产品或服务的人，他们尽一切可能规避风险。

之前我提到过依靠自己的努力取得成功。在创业初期，你不能犯任何错误，因为你没有犯错的资本，你负担不起犯错的代价。如果你在努力奋斗的过程中犯了错误，很可能会就此破产。你可能会失去你的房子、你的家庭、你的车、你的银行账户和其他一切，所以白手起家的你更应该学会规避风险。仔细思考，如何让自己做出的每一个决定都能让客户满意。

万万不可投机，一定要进行概念验证。如果你有一个新的想法，可以先进行小规模的实验。如果证明这个想法不可行，如果它毫无理由地就失败了，你的损失非常小。你也可以快速地停止这一实验。

几年前我读过一本有趣的书，叫作《苏黎世投机定律》(*The Zurich Axioms*)。这本书的初衷是为了帮助人们致富。据说，世界上一半的财富都掌握在苏黎世人的手中，其中的秘密是什么？是他们知道减少损失。他们行事非常小心，一旦发现是自己做错了，就迅速止损。所以你也要减少自己的损失。

我有一个专职玩德州扑克的好朋友，他是一个非常聪明的人。他告诉了我一些我认为非常巧妙的事情："我每次下注或者拿牌时，都会假装这是全新的一局。忘掉自己之前已经下了多少赌注，别管自己已经拿了多少张牌。那都是过去的事情，是你无法改变的过去。重新看桌子上的牌，根据桌子上的牌做出自己的下一个决定。如果手中的牌不好，或是运气不佳，又或是很明显其他对手手中的牌可能比自己手中的牌更好，那就尽量减少损失，赶紧弃牌。"

令人惊讶的是，面对亏损时，有许多人认为，如果他们继续投钱，之前投入的钱就会逐渐赢利。如果没有客户想买他们经营的产品或服务，他们就将广告预算翻倍。这也就是为什么销售广告的人会整天告诉你，你只需要投更多的钱做广告。好像投了广告之后你那些滞销的产品，会突然变得像灰姑娘成为焦点一样，引发人们争相购买。但事实绝非如此。

我有一个朋友，他开了一家餐馆，餐馆的生意非常好，所以他非常富有。但当初他刚从意大利移民到美国时，一无所有，在一家餐馆做过洗碗工，后来又做过服务员。他移民过来不久我就认识

了他。我和他交流他遇到的问题，认识到"天哪，这家伙有点真本事"。他对待工作非常认真。

后来，这家伙买了一家便宜的餐馆。每天晚上，他一整晚都在观察餐桌后面的垃圾桶，看客人们都扔掉了哪些菜。

如果客人丢掉了某些菜，他会走到餐桌前说："非常感谢您光临我的餐厅。我感觉您不喜欢这道菜。可以麻烦您告诉我是为什么吗？"客人说："当然可以。"客人非常愿意发泄他们的不满，因为他们买了食物，却扔掉了。

如果客人不喜欢这道菜，他就会把这道菜从菜单中拿掉。他一直不停从菜单中拿掉客人不喜欢的菜。他的目标是确保垃圾桶里没有扔掉的食物。两三年后，他实现了自己的目标。这时，他已经拥有了四家餐厅，并且成了一位千万富翁。他成为当地最受尊敬的人之一，他的事迹也登上了报纸。当他走在街上时，人们都会向他挥手致意。

他的经营理念就是迅速止损。如果客户通过不购买或扔掉它来告诉你他们不喜欢你的菜品，请立即停止售卖这道菜。不要一直想着"我把没人想买的菜加大分量"，这相当于花更多的钱做广告或修饰包装。

🏛 误区六：大多数企业家都很富裕

我已经总结出了一个非常简单的公式，并将它应用于世界各地的数千家企业。我问："为什么有些企业比其他企业更成功？"

我和我的观众开玩笑说："今天这个研讨会召开之前，我在你们的客户中做了一个调查，我发现了一件惊人的事实：你所有的客户都有一个共同的愿望，他们都希望你变得富有。我简直不敢相信这一点。是的，你所有的客户希望你变得富有。他们无时无刻不在想着如何让你变得富有。"

当然，在座的听众听到这些话时都是面无表情，然后他们会说："真的吗？"我说："没错！你的客户希望你能让他们满意，如果他们对自己正在使用的产品或服务感到满意，他们希望你能够比你的竞争对手更能使他们满意。他们希望你能向他们卖出很多的产品，这样你就能赚很多钱，就能变得富有。"

你如何发现你的客户想要得到什么才能满意？直接去问他们。他们一定会告诉你的。我曾与世界上一些最大和最好的公司合作，我对这些公司的规划、设计和战略制定的方式进行了多方面的研究。这些公司总是特别积极地询问客户："谢谢，谢谢，感谢您从我们公司购买产品。我们怎样才能让你下次更满意？我们哪些方面需要加强，哪些方面做得有点过了？我们应该开始做什么或停止

做什么？请您告诉我们，因为我们希望您满意。"

这样的做法会对客户有非常积极的影响。客户会非常乐意详细告诉你这些问题的答案。有时候，虽然一位客户可能只会给你一个让他或她满意的想法，但这会在你的现有客户群中引发一种连锁反应，最终会使你的销售额和赢利能力飙升。

二八定律表明，大多数公司（80%）都处于最底层（哦，天哪，太出乎人们意料了）。这些公司也一直都在努力。如果你使自己的公司进入前20%的行列，你需要找到前20%的公司向他们的客户销售的产品有哪些不同。找到不同点究竟在哪，然后付诸行动。

我经常非常惊讶于有人会这样说："你说的没错！我知道这样的做法会让我的客户更满意，但我不想这样做。因为这样的做法会让我走出舒适区，会让我做一些打破我的惯例的事情。"

如果你想和大公司合作，就用大公司的方式对待自己的客户。如果你让顾客越来越满意，就需要不断问他们如何才能让他们满意。

惠普（Hewlett-Packard）是我非常欣赏的一家公司。惠普公司创办时是在一间车库里，现在已经成为硅谷的一家标志性的公司。休利特（Hewlett）与帕卡德（Packard）从公司创立之初就用不同的方式询问每一位客户："你满意吗？你喜欢这个产品吗？产品的质量好吗？你会再次购买吗？我们需要在哪些方面改进我们的产品呢？"

惠普公司不仅会打电话回访客户，也会亲自登门回访客户。有时，也会采取写信或发送调查问卷的方式不断地问客户："下次我们怎么做才能让你更满意？"

不要错误地问："您对我们的产品总体还满意吗？"因为客户的答案一定是"很满意，但我不会再次购买了。"当然，客户不会说出后半句话，但是当他们没有抱怨或说"一切都很好，我没有什么不满意的地方"时，根据后续的研究显示，客户走出你的公司后就不会再次购买产品了，并且他们的朋友也不会购买你的产品。

永远不要问客户"上次怎么样"，要问他们"我们怎样才能让你下次更满意"。这些信息是有人耗资2200万美元进行了各项研究后总结出来的。如果你想壮大公司的规模并取得成功，请不断问你的客户："下次我们如何才能做得更好？"

ⓩ 误区七：企业家是天生的，不是后天培养的

企业家精神是人的个性的自然和自发的表达。人从孩提时代起就是天生的企业家。当我的孩子们还小的时候，他们会坐在高尔夫球场的边缘，当高尔夫球被打到灌木丛里时，他们就会跑去捡球，坐在那里，等到高尔夫球手走过来后，他们会说："我在灌木丛里捡到了你的球。你给我50美分，我就把球还给你。"高尔夫球手

会说："没问题。比自己去找省事多了。买一个球也要3美元。"我的妻子会在街上或高速公路上捡一些可口可乐瓶来卖，一个饮料瓶可以挣两分钱。

人类都是天生的企业家，因为人类普遍有生存和"繁荣"的动力。人类也是机会主义者，机会主义者会不断寻找改善自身状况的方法。人类都希望谋求自身的利益，实际上，人类的企业家本性可以用反向的二八定律来解释：80%的人都有创业的本能，20%的人出于各种我们无法预测的原因没有创业的想法。

任何人都可以成为企业家。企业家精神的本质是通过为他人创造价值来寻找一种为自己创造价值的方式。你是否能做些什么来为别人创造价值然后从中获得自己的一点价值？如果你真的很擅长这样做，可以反复采取这样的做法从中获利。

麦当劳能够快速销售新鲜的汉堡、炸薯条和麦芽饮料，因而大获成功，截至目前共拥有36000家连锁店。为什么？因为餐厅的每一位员工都专注于让顾客开心，让他们比在其他快餐店用餐更开心。

每个人都有创业的能力，就像每个人都有能力骑自行车、开车甚至开飞机一样。但有能力并不意味着你可以自然而然地创业成功。虽然你有能力，但你必须开发自己的能力。就好比说每个人都有能力进行某些运动，但必须努力锻炼，不断地练习才能达到平均水平或高于平均水平。

　　这就是我学到的：如果你能研究一下创业、销售和市场营销的方式，了解客户，提出问题和倾听，你就能越来越擅长用越来越少的时间和金钱让客户满意，而这中间的差额就是你的利润。

💰 误区八：所有的企业家都想致富

　　每个人都想发财致富，都希望经济独立，都想去餐厅点餐时不用在意每道菜的价格是多少。这很正常，也是人类的天性，但这不是一个人创业的原因。

　　当人们开始创业时，眼里往往闪烁着光芒。他们认为自己会赚很多钱，但其实他们最最想要的是自由。他们不希望活在他人的掌控之下，不需要别人告诉他们该做什么，尤其是遇到一个不友善、不礼貌或没有同情心的老板的时候。他们无法忍受为了生计而不得不忍受这样的老板。

　　追求自由的理想之所以如此强大，是因为人类最喜欢自由，尤其是财务自由。我刚刚读了我的朋友韦恩·戴尔（Wayne Dyer）写的有关于成功的发现。他说成功是能够以自己的方式过自己的生活，与自己喜欢共事的人一起完成想做的事情，而不用担心任何东西的价格。

　　换句话说，幸福就是自由。自由才是最重要的驱动力。之所

以只有少数企业家会变得富有，是因为这些人很清楚地意识到他们想变得富有。

过去几年，我一直在告诉我的学生一件事：没有人会偶然地变得富有。你必须下定决心：在自己的职业生涯中赚很多钱。如果你想赚很多钱，你必须问一个神奇的问题：怎么赚钱？然后观察其他白手起家并获得成功的人，问问他们是如何成功的。如果你不确定他们是如何成功的，一定要去问问他们。

我有一个朋友，许多年前从英国回来。他找到了一份为专业杂志（游艇杂志或船舶杂志）销售广告版面的工作。他的确卖出了很多版面。有一天，他拜访了一位潜在客户，这位潜在客户经营了一家自己的公司，我的朋友试图卖给这位客户一些广告版面，但遭到了拒绝。虽然这位潜在客户没有从我的朋友那里购买广告版面，但他很喜欢我朋友，所以他给我朋友提出了一些建议。他说："你有没有想过这样做？有没有想过销售这样或那样的产品？"

从那之后，我的朋友养成了定期与这个年长、富有又成功的男士共进午餐的习惯。他每个月都邀请这位男士一起共进午餐，吃饭的时候也会做一些笔记。如今，我的这位朋友掌管了31本杂志。30多年来，每本杂志每个月都在赢利，这在当时是闻所未闻的。这都要归功于他听从了这位年长的智者的建议。

我的这位朋友把两人的对话写成了一本书。我猜想这位潜在客户的名字叫雷（Ray），所以他写的这本书的名字叫《与雷共进午餐》（*Lunch with Ray*）。他送了一本书给我。他非常聪明，受到所有人的尊重，人品也很好，拥有超乎常人想象的财富。他只会向雷征求意见，每个月他都会和雷在一家环境很好的餐厅共进午餐，倾听他的建议，听听雷在遇到某些问题的时候如何在生意上取得成功。

当我与他交谈时得知，他旗下有300名经理帮他管理这些杂志，包括所有公关人员、广告人员以及作家和编辑。他刚开始从事杂志行业的时候，就是挨家挨户敲门、出售版面、从其他人那里获得建议。

成功实现长期目标最重要的是不断寻求他人的建议。我的朋友幻想有一天他会拥有一本杂志，他可以负责除了写文章之外的其他所有工作，比如卖广告、融资，等等。

他开始研究杂志出版。起初他一无所知，但今天他非常富有。他将这一切归功于向雷这样的人征求有关如何在该领域变得更成功的建议。

我的朋友说，31年过去了，雷从未从他那里买过一丁点广告，但确实给了他很多建议，这也是雷变得富有的原因之一。

🩸 误区九：企业家都没有个人生活

从30年前开始，每年我都会和家人一起去夏威夷度假。那时候，我们一家人住在一个很小的房间里。随着时间的流逝，我们住的地方越来越豪华，而如今我们住在一个非常豪华的酒店。

如此一来，我就有机会结识到这个度假村的其他人。我用二八定律对这些人进行了分类：这些人当中80%是企业家，都是最开始白手起家，通过不断努力获得成功的人。这个度假村的一位常客是世界上最富有的人之一，他买了三四套面向大海的大房子，经常带他的整个家族的人一起来度假。

如果你问这些人："对你来说，生命中最重要的事情是什么？"他们的答案当然是他们的家人，他们关心家人胜过一切，如果他们必须在一些事情之间做出选择，比如生意、金钱等，家庭仍旧是第一位的。他们会选择家庭游戏、家庭独奏会、家人的毕业典礼等任何与家庭有关的事情，因为家人对于他们而言，永远是最重要的。

变得富有并不是说让你像史高治·麦克达克❶那样爱钱如命，

---

❶ 史高治·麦克达克（Scrooge McDuck）是卡尔·巴克斯创作的经典动画角色之一。在故事里，史高治被塑造成全世界最富有的鸭子，然而他仍不断去扩充自己的财富，而且十分不爱花钱，爱钱如命。——编者注

吝啬钱财。只是让你有机会更好地照顾家人并让他们过上美好的生活。任何时候你回顾自己的生活，都会发现你和家人、你爱的人以及爱你的人所做的事情，比任何其他事情都重要。

大部分男性企业家和一些女性企业家为了养家糊口，每周都工作60个小时以上。这是为了确保他们的家人衣食无忧、做他们想做的事情、充分享受自由。这才是他们工作的动力：通过规划自己的生活，让自己的家人有选择的权利，能够做他们喜欢做的事情。

创业者从一开始就动力十足，因为每个人都渴望经济独立、拥有足够的钱，希望不用担心钱、不用再熬夜。一旦企业进入生存和繁荣的阶段，金钱就成为他们的次要关注点。

金钱就像运动中的记分卡，需要定期记录，才能知道自己的经济状况如何。你是否好好地利用了自己的时间？花时间做这个比做那个更好吗？这仅仅需要一个记分卡。

如果你与白手起家的百万富翁和千万富翁交谈，他们谈论的重点就是他们的孩子和家庭，此外是他们必须多么努力地工作，他们犯了多大的错误以及他们损失了多少钱。他们每个人都犯过大错，也损失了不少金钱，但你从来没有听他们谈论过他们有多少钱。他们从不谈论他们的成功或他们拥有多少房子、多少汽车、多少船艇。他们最关心的始终是他们生活中的人。因此，作为一名成功的企业家，你可以自由地与生活中最重要的人做任何想做的事情。

第三章

企业家应该从哪个行业做起

许多年前，我乘头等舱返回圣迭戈[1]时，和一位女士谈论我们住的地方。她住在一个非常好的社区，虽然我也住在一个不错的社区，但她所居住的社区显然比我的好。

她问我："你是怎么选房子的？"

我说："我们看了150套房子，最后选定了这一套。"

"亲爱的，这套房子吸引了你，对吗？"她说。

我永远不会忘记"吸引"这个词，听到它，就好像是有什么东西伸出手抓住了我的心。这个词帮助我认识到了成功企业家的奥秘：成功的企业家都能够生产、销售和供应一些能够"吸引"自己的东西。他们喜欢这些东西，认为它们打动了自己的心，热爱是他

---

[1] 圣迭戈（San Diego），美国加利福尼亚州太平洋沿岸城市。——译者注

们成功的真正原因。

所以，"我应该从哪个行业做起？"这个问题的答案归根结底是出于你的热爱、出于你的内心。你不应该出于激情决定自己从事哪个行业，而要出于真正吸引你的东西。"激情"一词有些言过其实。

⑪ 成功的企业家从热爱开始

■热爱自己的产品

令人喜欢的东西可以有很多类别，而成功的企业家最喜欢产品，尤其是自己的产品。

《公司》杂志（*Inc.*）可能是中小企业最喜欢订购的杂志。这本杂志会做各种各样的调查，他们长期记录美国500家增长最快的公司。

我对于这本杂志做的调研结果感到非常惊讶，当年增长最快的公司曾经在3年内增长了14800倍，而去年，这家增长最快的公司在3年内增长了16900倍。可以说，这些公司虽然创立之初规模都很小，但想象一下增长10000或15000倍之后，这些公司的规模会变得多么庞大。

《公司》统计出的这些500强公司在3年内平均增长了17倍。

我在研讨会上问我的客户："如果你的公司在3年内增长了17倍，即员工人数增长了17倍、公司的占地面积增长了17倍、需要交付的产品和服务数量增长了17倍，会对你的生活产生什么影响？再想象一下，如果是增长100倍或1000倍，会对你的生活产生什么影响？"在座的老板们对这个数字都感到非常震惊。我说："每年都有数百家公司实现了这样的增长规模，这是因为他们在正确的时间开发出了能够吸引大量客户的产品。"

记者采访了《公司》500强企业中某些公司的创始人，问他们："你是如何进入那个行业的？"他们中的95%都斩钉截铁地说，他们找到了自己真正喜欢的产品或服务。他们喜欢自己的产品，以至于想要自己使用产品，或者把产品介绍给自己的家人。当他们开始为家人生产、购买、进货或制造产品时，周围的邻居和朋友说："这个产品真的太棒了。能卖给我一些吗？"

我最喜欢的一个故事是关于一对从欧洲移民过来的夫妇。我猜他们是土耳其人，有两个还在读书的小孩。他们是好公民，经常参加家庭教师协会（PTA）会议，也很关心孩子的表现。他们的两个孩子都还不到10岁。这对夫妻发现，可以再开发一些适合用平板电脑 iPad 播放的课程，这样孩子们就可以通过学习这些课程来完成家庭作业。他们也希望学校可以发布一部分课程在 iPad 上。小孩子们都喜欢看电视，于是这对夫妻就想出了这样的方式：孩子们必须完成一定量的家庭作业，才可以看一会儿儿童电视节目，然后关上电视，继续完成一定数量的家庭作业，又可以看一会儿儿童电视节目。当这对夫妻把这种方式告诉了他们的孩子，孩子们也欣然接受。

这就像给马喂胡萝卜一样。孩子们一放学就迫不及待地回家，完成一堂课之前不能看电视，上完一节课后，他们才可以看一小会儿电视。所以，孩子们都非常期待回家上课。

不到四五个月，他的两个孩子就成了学校的尖子生，也在家庭教师协会大会上获了奖。其他父母走过来问他们："天哪，你们的孩子怎么考得这么好？"他们说："我们设计了这个小系统来激励我们的孩子做功课。我们和老师交流过，老师也愿意配合我们。这对孩子们非常有帮助，他们也认为这是一个好主意，所以老师们开始帮助他们，向他们提供更多课程，齐心协力帮助孩子们进步！"

"是否可以让我们的孩子也学习一下这些课程？"

"当然。"他们说，然后把 iPad 递给了其他家长。

其他家长说："不，不，你们不能就这样直接给我们，你们收一些费用吧。"

所以他们向家长们收取了一些费用。课程也迅速走红，在 3 年内增长了 14800 倍。他们创办的公司也成为发展最快的公司之一，

这对夫妻也因此变得异常富裕。

起初，他们只是想要让自己和家人使用这款产品。所以这是一个非常好的衡量标准：你想要自己和家人使用自己的产品吗？你是否非常喜欢某一产品，以至于希望你的家人可以使用它？这只是个起点，但有时候就会发展成一个行业。

大家可能都了解易贝（eBay）的创始人的故事。他的名字叫皮埃尔·奥米迪亚（Pierre Omidyar），他多年来一直在收集皮礼士糖果盒。收集皮礼士糖果盒的人就像集邮者，他们喜欢向其他人出售或交换自己拥有的皮礼士糖果盒。他想："怎么才能更方便地让大家交易自己的糖果盒？"于是他开发了一个小系统，这就是现在的易贝网。收集皮礼士糖果盒的人可以在上面交易皮礼士糖果盒。

有人问："在这个平台上还能交易什么？"于是，可交易的产品越来越多，就发展成了如今的易贝网。如今，皮埃尔已经成为亿万富翁，是世界上最富有的人之一。但是，最初他只是为自己和朋友们创办了一个可以供他们交易皮礼士糖果盒的平台，他开发了一个小程序，收藏者可以把商品的图片和具体细节上传到网页上。这个创意是你我永远不会想到的创意。当越来越多的人登录这个网站后，就可以开始交易越来越多的东西。

所以你要问自己：我觉得这个产品怎么样？成功应该始于什么？我的产品是什么？产品能为客户提供什么价值？假如这个产

品对一些人很重要，会对这些人的生活产生什么影响？

在成为一名成功企业家的路上，你会遇到很多障碍、挫折和困难，也会有很多损失、失败和沮丧。你也一定会有绝望的时候。但是，如果你喜欢自己的产品，并希望看到它能为你自己和其他人带来一些好处，就永远不会放弃，一定会找到让产品大卖的办法。

成功的产品能形成一个杠铃，一端是爱，另一端也是爱，而传递爱的媒介就是中间的产品。

当你听说有人使用了你的产品后，生活的某些方面得到了改善时，你会非常高兴，这并不是因为他们付钱给你，而是因为他们向你分享了产品给他们带来的成功体验。

接下来，我们谈谈多级销售（multilevel marketing，MLM）。人们进入多级销售公司是因为公司承诺他们可以赚到很多钱，然而，如果你与从事多级销售的人员交谈过 —— 我已经与80个国家和地区的大约100万位从事多级销售工作的人交谈过，如果你问他们为什么进入这个公司，他们会回答那是因为这样的公司通常都会有一种非常好的产品。他们体验到了该产品的优点和好处，希望其他人也能体验到这样好的产品。

有一家公司开发了一种维生素配方。该配方基于一个75或80年前的配方，经过精心的研发后，在17所大学进行了测试。又经过不断的实验和升级，这款维生素能够大大降低普通感冒和流感的

发病率。如果你患有任何的小病，或者说你刚刚做了手术，服用这款维生素后，术后恢复时间会比正常情况下缩短50%或更多。服用这款维生素后，头发的发质会变好，皮肤也会变好，总之身体的各个方面都会变好。服用当天你就会发现有所改善，你觉得自己精力更充沛、晚上会睡得更好、起床后也会更有精神，等等。消费者会说"这听起来不错"，所以就会试用一些免费的试用装，服用后也的确感受到了身体上的变化。这些客户会推荐自己所有的家庭成员都服用这款维生素。

营养产品、美容产品、清洁产品等都是可以通过多级销售的方式进行销售的产品。每个产品的背后都蕴含着一个故事，每个产品（销量很好的产品）都经历了全方位的开发，确保产品质量上乘。当客户使用产品时，会发现某些方面得到了改善。

当这些销售人员说"让我告诉你这个商机"时，他们并不是在告诉你如何赚这么多钱。他们向你解释如果你喜欢这个产品并且愿意购买的话，可以以折扣价买入这些产品。买入后，如果想将产品卖给他人，也可以以折扣价卖给他人，并从中赚取价差。这样一来，你就会受益，你的客户也会受益，邀请你加入这项业务的人也会受益。这就是多级销售在全球范围内的运作方式。

然而，多年来，有数百家多级销售的企业起起落落。原因究竟在哪？我非常仔细地研究过这些企业，答案是，产品不够好。很多都是过度宣传。你可以通过让很多其他人加入多级销售的网络从而赚到很多钱，但这不是长久之计。有些人由于某种动机加入这个行业，当然这个动机基本都是想发财致富。当你经历商业生涯中不可避免的逆境时，致富的动机不足以成为支撑你继续前进的动力。你必须喜欢自己的产品、在意自己的产品。

■关心自己的客户

此外，你还必须关心你的客户。所有经商成功的人都不会谈论他们卖了多少产品或赚了多少钱，他们只会谈论关于客户的故事。这就是他们之间谈话的全部内容。当这些人聚在一起时，不只是在谈论多级销售，而是谈论各种真正成功的产品或服务。

当这些公司的人聚在一起时，他们谈论的是满意的客户。他们谈论这个人、那个人有能力做这个，有能力实现那个，有能力改变这个，等等。他们会邀请对公司产品满意的客户参加公司的庆祝活动，客户在活动中说："我用过这个产品，它给我的生活带来了改变。"

所以你必须热爱自己的产品，而且这个产品必须是有效的、好用的，你要不断问自己：做广告有用吗？产品好用吗？分配方法是否有效？销售流程是否有效？客户是谁，客户在哪里？客户最想要什么、最需要什么？我们如何帮助客户改善他们的生活和工作？对于任何企业来说，最重要的问题是"产品对客户是否有效吗"。

人类天生就能够在生活中通过帮助别人、服务别人、做一些能改善别人生活或工作的事情来得到最大的快乐，这就是让人们变得出众和快乐的原因。

如果你销售的是你真正喜欢的产品，问自己这个问题：你会把这个产品卖给你的妈妈吗？你会把这个产品卖给你的父亲、兄弟、姐妹、最好的朋友、阿姨或叔叔吗？你会迫不及待地向第三方、陌生人介绍这个产品吗？在一对一的销售中，你是否能够直视对方的眼睛告诉他们"这个产品对你有好处"。如果他们能被说服，就会使用你的产品。

我曾经在休斯敦一家酒店的大厅里结账，当时有一群人在大堂里开会，大家有说有笑。我问其中一个人："你们在干什么？"

"召开商务会议。"他说。

"是什么生意？"

他解释说是为了某种产品。我说："哇，很有趣。我喜欢这个主意。我可以使用这个产品吗？我马上要离开休斯敦，回到加拿大不列颠哥伦比亚省的温哥华。"

"这是我的联络方式，"他说，"如果你想试用这个产品的话，我可以帮你安排。"就这样，我们在酒店大堂就完成了一笔交易，并且我从1972年就开始使用这个产品一直到现在。

这是为什么？因为他很高兴，在座的人都很高兴，他们都很热情、温暖、迷人，都想让客户体验一下产品。

你要弄清楚自己要把产品卖给谁。在营销中，我们总是说，最关键的词就像是猫头鹰在丛林中的叫声：谁？谁？谁？

接下来，还需要注意销售产品或服务的方法，确定它适不适合你的性格。你不会想站在街角卖东西，因为那样做会让你不舒服。即便产品可能是好产品，客户也是好人，你也不会那样做。因此，销售和交付产品的方式以及服务客户的方法都必须得体恰当。

如果你和我去吃自助餐，我们沿着一排摆放食物的餐台走，分别拿彼此的盘子去选取自己喜欢的食物。当我们回到餐桌上时，你盘子里的东西和我盘子里的东西可能完全不同。人都是如此，每个人能够得到快乐和满足的东西都大相径庭。

所以最关键的是你采取的销售方法一定是自己喜欢的。你会发现，那些为蓬勃发展的大公司工作的人都很开心，尤其是那些为谷歌、苹果和微软这样的传奇公司工作的人都很开心。你走进这些公司后会发现，每位员工都很高兴，他们笑得很开心而且彼此互相帮助。如果有员工对自己的工作感到不开心或不满意，很快就会自己主动离职。在这些伟大的公司里，失去工作的最快方式就是对自己的工作感到不满意。

以上讲的这些公司的员工都期待上班。我已经讲过了惠普公司对待客户的故事，接下来我会继续说，惠普公司为员工创造了他

们喜欢的工作环境，员工都喜欢上班，所以他们会提前上班、主动加班，周六和周日也会想要上班。

惠普公司认为："这不是一个好主意，员工应该与家人共度周末的时光。"

但员工们喜欢上班，为此，惠普公司不得不锁上门，并在帕罗奥图（Palo Alto）的办公大楼里安插保安防止员工周末去上班。即便如此，员工还是找到了绕过保安并从里面打开大门的方法，或者办公大楼里面会有个"间谍"帮他们开门。

这几乎变成了一场"警匪游戏"，安保人员竭尽全力抓住想要上班的员工。

只有员工热爱产品、热爱服务、热爱客户、热爱他们所做的事情，才能激发他们最高水平的工作动力。你会发现在500强公司、世界上发展最快的公司，都是这样的情况，员工都热爱自己的工作。

所以你首先要问的问题是："你喜欢自己销售的产品或服务吗？它能够吸引你吗？"如果你对产品不是很了解，也没有丰富的销售经验，就不能取得很好的销售业绩。

一开始，你可能不喜欢这个产品。你可能对它持中立态度，或者持怀疑态度。大多数人都会有点怀疑。有时，你需要更多地了解自己的产品或服务，这就是为什么一家好的公司，会在你入职的第一天让你了解产品以及告诉你产品能够给他人带来哪些帮助。

在最开始的一到两周，公司会让你集中精力了解公司的产品及其定位，以便你能了解产品的作用。当你开始喜欢产品的时候，你会不由自主地说："哇！这个产品真的太棒了！"你之所以开始喜欢这个产品，是因为它能够改变客户的生活、让客户开心。

再举一个例子。有一次，好莱坞的电影导演华特·迪士尼（Walt Disney）和他的兄弟罗伊（Roy）正在参观蒂沃利公园（Tivoli Gardens）。这个公园就像是哥本哈根的中央公园，它被认为是世界上最美丽的主题公园之一，里面有湖泊、树木、鲜花，有乐队演奏音乐，还有四处闲逛的家人。很多人去欧洲就是为了去哥本哈根的蒂沃利花园。

当他们坐在蒂沃利花园时，华特说了一句会改变世界历史的话："你注意到这个公园有什么不同吗？"罗伊环顾四周，说了一句："公园里有很多游客，大家很开心。"

"地上没有一点垃圾，"华特说，"一根废弃火柴都没有（当时公园里有很多人抽烟），没有糖果包装纸，什么脏东西都没有。你甚至可以在地上吃东西。如果是在美国，你走过游乐园之后，你的脚上满是口香糖和一些黏糊糊的东西。这里干净得一尘不染。如果我们在美国建成一所这样的公园会发生什么？有些家庭会带着他们的孩子过来玩，因为父母不希望他们的孩子在泥土中走来走去。"这就是迪士尼乐园（Disneyland）的起源。

你游览过迪士尼乐园后，你会发现地上一尘不染。乐园的高级管理人员和重要官员会在园区内走来走去，如果有人掉在地上一根炸薯条或一张纸，他们会像乌鸦一样立刻冲过去捡起来，甚至不会等到任何脏东西掉到地面。迪士尼教育自己的员工：来到园区游玩的人都是我们的客人，要给客人营造出宾至如归的感觉，就像你希望到你家做客的人能够在干净的环境中快乐、健康地玩耍一样。

迪士尼乐园的座右铭是 D.R.E.A.M（梦想）: Disney Resort Experiences Are Magic（迪士尼追求神奇的体验）。在迪士尼乐园工作的每位员工都称自己为演员，都想为游客创造一次神奇的体验。迪士尼践行这一座右铭的方式是惊人的。

迪士尼只雇用那些坚定地想要创造一个人人都快乐的环境的人。如果你去迪士尼乐园游玩，你一直听到的最多的一种声音就是笑声。来访的游客一直都在笑。无论你走到哪里，都会听到游客们的笑声。所以说，迪士尼度假村的体验是神奇的。

圣迭戈有一家叫斯克里普斯（Scripps）的连锁医院。这家医院被评为全球十大连锁医院之一。我去过斯克里普斯，我和我的家人都在那里做过手术和医疗治疗，我的两个孩子也是在这家医院出生的。

我稍稍地研究了一下斯克里普斯医院。我发现几年前，这家医院的院长被替换成了一个有着多年保险公司从业经验的人，由他负责这家医院。而如今，这家医院已经发展成为一家连锁医院。他曾与彼得·德鲁克非营利管理基金会（Peter F. Drucker Foundation for Nonprofit Management）合作进行了一项研究。他们问："医院的目的是什么？"数百年来的答案都是一样的：为病人和受伤的人带来健康。而顾问却说：

"不，不是这样的。当一个人来到医院的时候，他已经生病了、已经受伤了、已经感到不适了。医院对此是无能为力的。

"所以这时候病人来到医院，医院的目的是什么？病人最主要的问题是紧张、担忧和恐惧。他们担心接下来会发生什么，他们的家人会怎么样。因此，医院的目的就是让病人放心。这才是医院的目的。医院要让病人放心，这样当病人来到医院时，他们就会感到放心，觉得自己没事，认为他们的家人也没事，一切安好！"

分析师随后指出还有一些机构也秉持着同样的理念，比如四季酒店（The Four Seasons）、凯悦酒店（Hyatt Regency）等这样的一流酒店。所以斯克里普斯医院秉持一种理念："要把医院经营得像一家一流的酒店一样，像对待一流酒店的客人一样照顾来医院就医的病人。"

在斯克里普斯医院，工作人员会以善良、礼貌、热情、友好的态度对待病人和病人的家人。他们带你去你想去的地方，面带微笑地提供友好而快速的服务，让你感觉就好像你住在一流的酒店一

样。由于秉持这样的经营理念，斯克里普斯医院已成为世界上最成功的连锁医院之一。

这样的理念也同样适用于创办一家成功的企业。创业时，你要思考你打算如何对待你的客户？你将如何对待使用你的服务的人？你需要像对待一流酒店的客人一样对待自己的客户。

这样的公司只会雇用一种员工：真正关心他们所服务的客户的员工。几年前，有一条著名的广告语是这样说的："我们不雇用需要教导才会变得友善的员工，我们只雇用生来就友善的员工。"

美国西南航空公司（Southwest Airlines）一直以来都是世界上最赚钱的航空公司之一，它的全部焦点都集中在如何让客户感到快乐和被关心，并让客户觉得选乘西南航空的航班是正确的选择。

而西南航空公司其实是一家廉价航空公司，公司只有一种飞机——没有头等舱的飞机。他们也不提供任何餐点，但他们是世界上最赚钱的航空公司之一，并且该航空公司的航班一直都是客满的状态。你能理解是为什么吗？这是因为他们践行一套让乘客感觉非常快乐并且服务很好的常规化做法。

有一家连锁餐厅——无须提及名称，它的增长速度非常快，因为这家餐厅的确非常擅长削减成本。他们收购了另外一家拥有600家分店的连锁餐厅，从他们接手的那天起，就将小圆面包和面包片的大小减少了60%到70%。食物和服务的质量都下降了。

我持续到后一家连锁餐厅就餐已经20年了，但在那之后的一两个月我只去了3次。虽然这两家餐厅并不相同，但情况是一样的。

我认为，这家公司只有一个目标，就是给食客分量更少、味道更差的食物来欺骗他们。这是一家牛排餐厅，但牛排却难吃到难以下咽。我和我认识多年的领班交谈，他说："换了新老板！新老板！我们也无能为力。"

领班过去都穿着燕尾服，而现在他们被迫穿素色的西装。一切都在走下坡路。我和妻子过去每个月都会去那家餐馆两次，而如今我们一年都不会去那里两次。我们不会再去了，其他客人也不会再去了。

新老板关心的焦点在于一小块面包的额外利润，而不是让前来就餐的顾客满意。他们认为有能力去昂贵餐厅的顾客不懂食物质量的差异。虽然餐厅的服务人员态度依旧很好，但餐厅的新老板基本上已经要葬送这家连锁餐厅了。为什么？因为餐厅被不爱客户的人接管了。

过去，你走进那家餐厅，服务人员见到你很高兴，他们面带着迷人的微笑，把你带到你预定的餐桌旁。他们会亲切地叫你的名字。这么棒的客户体验会让你期待去那家餐厅吃晚餐。直到新的管理层接手后，一切都变了。

当然，这绝不是偶然现象。当一家公司成功以后，就会被资本

家收购，随后资本家就会接管这家公司，他们说："我们只是想从这家公司赚快钱，我们有很多生意要做，我们希望客人支付更高的价格，所以我们要提高价格、降低质量。"

当这种情况发生时，这家公司最终的结局一定是走向没落。

因此，永远不要对损害你正直的事情妥协。正直是指你工作的质量、你提供产品或服务的质量、你对待客户的质量，这些关系到你是谁的问题。

所以，当我们谈论最适合你的工作、公司、产品和服务时，吸引你的只有一种东西。你迫不及待地去上班，你喜欢自己的工作，喜欢见到同事、喜欢和同事一起工作。你喜欢看到你的客户。你觉得做这份工作很快乐。工作会释放你内心的某些东西，让你成为一个更好的人，也会提高你的人际关系的质量。总之，这份工作让你快乐。

作为一个企业家，当你真正关心你的产品和客户时，公司的各项指标都会日趋变好。

🔟 企业家可以创办哪些类型的企业

接下来，让我们讨论一下可以创办哪些类型的企业。我们只讨论四种类型：个人独资企业或居家企业、有限责任公司、S 型公司和特许经营公司。

最简单的是个人独资企业❶。个人独资企业通过以某一价格购买产品或服务，然后以更高的价格将其出售给客户，从而赚取利润。所赚取的利润需要进行审计和税务申报。

个人独资企业是成员只有一个人的企业。但如果企业的规模变大，企业的成员数量超过一个人，则需要创办有限责任公司，即几个人共同拥有这家公司，但只对公司的资产承担有限责任。这意味着如果公司倒闭了，没有人可以起诉个人。如果公司破产，你只需要按照破产时公司的资产进行债务清偿。

随着公司规模的壮大，你需要以产生的负债和税收更少的组织方式构建你的企业。如果公司的规模继续扩大，扩大到拥有超过35个股东（很少有读者需要关注这一点），那么你需要重新组织公司的架构，创办S型公司❷。这种情况下，你需要遵守相关的各种规定。

接下来，我们谈谈特许经营。特许经营权已被研究得非常透

----

❶ 个人独资企业，是指在中国境内设立，由一个自然人投资，财产为投资人个人所有，投资人以其个人财产对企业债务承担无限责任的经营实体。——编者注

❷ S型公司是一种特殊的小型公司，公司本身不缴纳联邦所得税，股东从公司获得股息，并作为收入征税。如果公司亏损，亏损的金额可以冲抵个人收入从而减少个人纳税。——编者注

彻了，网上也可以检索到所有有关特许经营的信息。动动手指，你就可以获得你所需的所有信息。

在我想要创办一家特许经营公司的时候，我花了很长时间研究这个问题。我在22个国家拥有150家特许经营的分公司，所以我对此并不陌生。我得出一个结论：特许经营是一种行之有效的赚钱系统。

麦当劳也是一种特许经营的形式，他们开发出了能够有序经营麦当劳分店的操作规程，然后将操作规程卖给想要获得特许经营权的新人，并在系统中培训这个人。想要获得麦当劳的营业执照，首先必须在麦当劳国际汉堡学研究所（McDonald's International Institute of Hamburgerology）学习两三个月到六个月不等的时间。此后，麦当劳总部会与你保持联系，监督并确保你遵守他们的操作规程。

这样的操作规程非常像一个食谱。在特许经营的餐厅中，他们教你按照这个食谱做饭。他们会训练你、监督你、检查你，确保你不会不按食谱操作，因为食谱是客人购买和再次购买的原因。这是一个经过验证的成功系统，所以任何特许经营的餐厅都必须遵循该系统。无论你为特许经营支付了50000美元还是500000美元，都是购买了一套经过验证的系统。

最近我和我的一个朋友聊天，他是一位想自己创业的销售培训师。他最终也成功创业了。他就是购买了特许经营权，加盟了一家经营销售培训系统的公司。他支付了几千美元的费用和管理费，获得自己能够销售该系统的权利。他所购买的是个人特许经营权，我以前从来没有听说过这种形式。但你会发现，几乎所有的行业都能够以特许经营的方式加盟，关键是，它有效吗？当你想要购买特殊经营权的时候，一定要反复地问自己：它有效吗？它有效吗？它有效吗？

假如你购买了特许经营权，出售特许经营权的人能够从中获得既得利益，因此他一定会说："当然！非常有效。"特许经营权法规定，出售特许经营权的公司必须对外公开全球所有特许经营公司的名称、地址、电话号码、背景和财务状况，以供有意向购买者向这些已经购买的公司反复了解和确认其真实的运营状况。此外，出售特许经营权的公司有义务向购买者提供所有的统计数据：已购买的公司的经营时间、发展速度、收入情况、盈利状况，特许经营的盈利情况，等等。所以，在购买特许经营权之前，你要做足功课，做好尽职调查。切记，一定要做尽职调查！

令人惊讶的是，有许多美国最顶尖的公司 —— 也许是世界上最顶尖的公司，在做出决定之前一定会把一项商业投资计划研究得非常透彻。他们在宣布要收购某一公司或者进军某一个行业时，通常还会宣布要进行一次为期6个月的尽职调查，在此期间他们会

调查目标公司提出的每一项声明。

创办公司时，你还要注意一些其他问题。

■多咨询律师

不管是创办哪种类型的公司，都要多咨询律师。顺便说一句，我花了很大的代价学到的一个教训就是：在你创业之初，永远不要节省寻求他人的专业建议的开支。

有人可能会说："为什么这些律师要收这么高的咨询费？"一般来说，律师需要花费多年的时间积累经验和知识，才能学会从股东的利益出发，以最佳的方式组织企业架构。如果你只是创办一家小公司，所需要的建议非常少，因而花在律师咨询上的费用也会相对较少。但只要你不是创办个人独资企业，你都需要向律师咨询专业的建议。

当然，你没有必要去纽约的律师事务所咨询那里的律师。如果你的朋友的公司里聘请了一位律师，你就可以咨询你朋友的律师，说："这是我想创办的企业。"你把自己公司情况的书面资料交给他，问这位律师："你能告诉我此时最佳的企业结构是什么样的吗？"他们会仔细查看你交给他们的资料，然后把具体的情况通过电话告诉你。一般来说，他们可能会向你收取100美元左右的咨询费。

在我职业生涯的早期，我曾经遇到过一位优秀的律师。那时候，我的公司蒸蒸日上，所以我尽量避免向他征求意见，因为他每小时的咨询费是500美元。有一次，有人想要加入我的某部分的业务活动，对方拟定了一份合同。我看完合同后就说："就这么定了，合同内容很简单。"于是我签了那份合同。

然而，税法、公司结构和标准合同都发生了变化。我因为遗漏了某些细节而损失了几千美元。切记，和你签合同的人并不是你的朋友。

我和我的律师谈过这件事。我说："我不想花那500美元的咨询费。"他说："博恩，就是因为你不愿意把钱花在律师费上，才会导致你遭受如此严重的损失。有些时候，律师几秒就能找出你可能会犯的错误。"

实际上，律师大体知道在哪里能找到合同的漏洞，这样也能为你节省数个小时。而我需要花几个小时来整理合同，并且还是会面临可能发生的各种冲突和诉讼。所以，不要犯傻了，花些额外的费向专业人士寻求建议吧！

有人会问，是否需要聘请会计师呢？如今，会计法尤其是税法变得如此复杂，除了会计师之外没有人能够弄清楚。因此，你需要找一位经常与中小型公司打交道的优秀会计师，征求他们的意见。

有一次我开始创业时，和一个员工出了一些问题。我要解雇她，因为她人品有问题。我有证据证明她偷东西。我问了我的会计师，我说："你对此怎么看？"

"停！停！停！"他说，"千万不要做任何违反劳动法的事情。加利福尼亚州的劳动法鼓励员工做出雇主想要解雇他们的行为，一旦出现这样的行为员工就可以起诉雇主。随意解雇员工平均需要承担的赔偿金大约是74000美元。即使有目击证人看到这位员工偷窃，她也承认自己偷窃，法院也盖章确认她的违法行为，即便她的偷窃行为被摄像头拍了下来，只要你解雇她，你都需要花费74000美元。此外，庭审过程大概也需要花费9个月的时间。"

"那你建议我怎么做？"

"找个劳动律师。虽然找一个劳动律师可能会花点钱，但他会为你节省更多的钱。"

假如你花1美元向一位好会计师或律师寻求他们的专业建议，他们能够为你节省5美元、10美元，甚至是100美元。而有时候，他们的专业建议甚至能让你发财，会拯救你的企业于危难之中。所以，永远不要在专业服务上省钱。

有些人会使用LegalZoom这样的网站，寻求在线的法律服务。如果你只是作为一名企业家，LegalZoom简直就是为你设计的。我使用LegalZoom处理简单的法律文件时，从来没有遇到过任何问题。他们通过提供优质的法律服务来获得自己的既得利益。LegalZoom可以为你提供一些非常简单的法律服务工作，比如他们能够提供一份填空合同，你只需在空格上填写姓名、数字、人员、百分比等信息。这也恰恰是你真正需要的服务。只有当面临复杂情况并且涉及不止一个人以及不止一项责任等情况时，我才会向律师寻求建议。

法律界讨厌 LegalZoom，因为它的收费只有律师收费的十分之一，并且二者提供的服务基本是一样的。与 LegalZoom 一样，大多数律师其实也只是向你提供标准文件，他们只是输入了几个姓名和数字，却按照专门为你编写这份文件的标准向你收取费用，当然还要包括可能数个小时的咨询费。

■销售是基础

需要重点强调的是：所有公司赖以生存的基础就是销售。我经常问我的听众："你为什么早起去上班？"他们喃喃自语，场面一片寂静。我说："答案是赚更多的钱。你之所以去上班，就是为了赚更多的钱。你每天早起去工作，肯定不是为了赚更少的钱或和以前同样的钱，你一定希望赚更多的钱。难道不是吗？"在座的人都十分同意我的观点。我说："那么，你如何才能赚到更多的钱？我称之为 MMM（Make More Money）。你工作的原因是赚更多的钱。那么你如何赚更多的钱？答案是 SMS（Sell More Stuff，卖出更多的产品）。"

你只有卖出更多的产品才能赚到更多的钱。所以，从起床的那一刻起，在一天剩余的时间里，你实际什么时候在工作？只有当

你卖更多的东西时，你才处于工作的状态。切记这一点！一刻也不能分心！

最顶尖的、最大的国际公司每天都在努力销售，他们每周、每个月都会评估公司的销售额。每个人的晋升都是基于个人自己的销售额以及下属的销售额。

你一刻也不能分心！这就像在暴雨中开着一辆马力十足的汽车行驶在蜿蜒的山路上。你一刻也不能分心！要把自己的全部注意力都放在销售上，卖出更多的产品！

只有当你卖更多的产品时，你才处于工作的状态。如果你在工作的时间并没有销售产品，只是在和朋友聊天、处理电子邮件、看报纸等，那么你不妨回家蒙头睡大觉，因为你对自己和他人都没有任何的价值。

一旦建立了最适合公司发展的组织结构，就像给房子打好了地基。打好了地基，盖起了房子，剩下的就是卖出更多的产品。这才是你应该做的事情。

想让你的收入翻倍吗？先要把自己每天交谈的客户的人数翻倍。我发现，业绩普通的销售人员不知道自己每天或每周与多少客户交谈过。如果你跟他们说"他们和更多的客户交谈"，他们根本不知道要怎么做。

回到我之前说的，销售要形成文字、追踪，把自己每天交流过的人数写在纸上并列出清单，记录这些问题的答案："今天跟多少客户交谈过？昨天跟多少客户交谈过？明天打算和多少客户交谈？"

你一刻也不能分心！与你交谈的客户的数量将决定整个公司的未来。有人说："我不喜欢销售。"不喜欢销售的人是因为他们不擅长销售。而为什么这些人不擅长销售？因为他们没有受过相关的培训。

我刚开始从事专业的销售工作时，主要是从事企业对企业的投资销售工作和房地产销售，每次拜访客户时我都异常地紧张。我就意识到这是因为我不知道如何销售。

所以我开始阅读、学习和实践我在销售中学到的东西。一周工作6天，每天工作10到12个小时。每天不是在工作，就是在学习。

这是我人生的第三个转折点。我做出的改变是：第一，承担责任，不找理由；第二，设定目标，制定书面的目标，列清单，付诸行动；第三，学习成功所需要学习的东西。

一旦我意识到我需要与更多的客户交谈，我就越来越擅长销售。与客户交谈的时间越多，与客户交谈的能力就越好，成交所用的时间也会随之减少，对自己也更有信心。这样一来，你会更渴望拜访更多的客户，因为这会增加你的收入，提升生活的质量。

这就是为什么从事多级销售或任何其他行业中的成功人士都

很快乐。他们之所以快乐，是因为人一旦获得了某些成就，就会备受鼓舞。如果他们想要促成一笔交易并且成功了，他们就会很高兴。这也能够赋予他们更多的能量，让他们变得更有自信，也能提高自己的自尊水平。他们也会认为自己更有价值，更渴望做更多让自己感觉良好的事情。

销售就是一切。任何企业成功的第一大原因就是销售额高，反之，导致企业出现问题的第一大原因是销售额低。其他的一切都没有那么重要。

有人说："我没有足够的钱。"那是你因为你的销售额不够高。为什么销售额不高？因为你没有和足够多的客户交谈，你没有要求他们购买你的产品。仅此而已。

"你的销售额之所以不高，是因为市场形势就是这样，市场就是那样……"如果你说的这些话有道理，那么所有销售人员都会失败。但如果你周围有其他的公司和企业正在销售产品和服务，这意味着你可能面临着一个小问题：你只是没有拜访足够多的客户，或者你使用的销售方法不起作用。

我的一位客户有着12年的工作经验，也创办了一家非常成功的企业，住在高档住宅区的一栋大房子里，开着豪车。但在过去的一年中，他几乎没卖出什么东西。

他的那一套销售体系已经有效地运行了11年。他的顾客都是优质的顾客，从客户身上赚到的钱也为他创造了美好的生活。但是，他开发和维系的三个主要客户都一一不再与他合作了。这些客户说："我不再需要你的服务了。"

"为什么不再需要我的服务了？"

"我认为没什么效果。"

所以无论销量如何，销售的最终结果都要归结于产品或服务有效吗？产品或服务能使客户得到他们想要的结果吗？客户之所以购买产品是因为他们被说服或确信产品或服务有效。

你的工作是与更多的客户交谈并说服他们，让客户认为你的产品或服务能够长久且可靠地为他们带来他们想要的结果。只有这样，客户才会反复地向你购买产品。你一刻也不能分心！

我的公司也经历过像过山车一样的起起落落。每当我的生意不景气时，我都会立即说："好吧，是时候打电话预约并拜访我的客户了，是时候与他们交谈，请他们购买我的产品了。"

没有必要做那么多广告，也没有必要筹划更多的促销活动，只需走出去与客户交谈即可。

当我开始做销售时，我清楚地意识到每一个过着体面生活的商人都会是我的潜在客户。所以我想说，谁是你的客户？有人会认为每个人都可以成为自己的客户，但事实并非如此，虽然每个人都可能是潜在客户，但不一定是你的潜在客户。

有些人不是你的潜在客户，你与他们的社会地位、收入水平和教育水平都不匹配，你不是那种可以和他们见面、打招呼，与他们交谈的人。当一天结束时，你可能会认为每个人都是你的潜在客户，但有些人的确不是你的潜在客户。

每一个新产品或服务的问世可能都会创造一些机会，但对你来说不一定都是机会。所以你需要不断地尝试不同的产品或服务。

统计学的一个基本规则表明，你尝试的不同的事情越多，你收集到的信息就越多，你学到的越多，就越有可能突然间找到适合自己的产品。但是在此之前，你必须看过很多不同的产品，也尝试销售过很多不同的产品。你必须准备好面对这样一个事实：你可能会遇到很多很棒的产品，但它们并不一定都适合你。

因此，你需要不断扩大你所关注的产品、服务和机会的数量。随着你遇到的产品的数量不断增多，你终究会找到非常适合自己的产品。正如我所说的，很多人会偶然发现与他们想象中不同的产品或服务组合，但在此之前需要付出大量的努力。由于他们此前所做的所有研究和功课，所有的东西都在那一刻突然汇集在一起，他们就会遇到像卡卡圈坊甜甜圈这样美味的产品。

你的工作就是找到一种美味的产品或服务，找到客户想要、需要和喜欢的产品或服务。当客户购买你的产品时，他们会说："这个东西真的很棒，我会一直重复购买的！"

最好的企业家是那些最有雄心、最有进取心的人。他们不断地尝试、不断地实验，他们会找到方法，把一些不错的产品变得更好、更出色。

第四章

如何为企业融资

很多人往往在创业之初都会过于乐观。会自认为"我的产品或服务很棒，我一定能卖出一车又一车的产品，一定会赚到一大笔钱"。随后，你会感到震惊。最先让你感到震惊的是，第一次向客户销售新产品是多么困难 —— 当客户对他们正在使用的产品感到非常满意，或者客户根本不会使用你的产品时，想要让他们购买你的产品是多么困难。

你认为客户选择你的产品是一件非常合乎逻辑的事情，但事实上他们对你的产品根本没有任何兴趣。客户经常会说："我不感兴趣，我不需要，我看不出它能给我的生活或工作带来哪些改善。"

⓫ 销售额是融资的关键要素

对于公司而言，它们最常遇到的麻烦就是资金短缺，而导致资金短缺的原因是没有创造足够的销售额，没有创造足够的销售额的原因是公司没有考虑清楚产品或服务的目标客户是谁、目标客户为什么会购买产品、愿意支付多少钱以及如何生产和交付产品。

这些都是商业计划书需要涵盖的所有要素，商业计划书会敦促你在投入资源之前仔细考虑这些要素。你一定听过这样的一个古老的故事：

一个人想要开车穿越这个国家，然后他迷路了。他在一个农民旁边停下，问他："我想要从这里到某个地方。"农民在那儿坐了一会儿，想了想说："先生，你从这里是到不了那个地方的。"

有趣的是，许多人一开始就有创业的想法，但由于各种原因，他们没有实践这一想法。如今我已经成功创办了好几家企业，当我开始创办第一家企业时，我发现最关键的就是资金，资金又来自销售。大大小小的公司失败的首要原因是他们没有集中精力赚钱。因此，他们不得不筹措资金，有时需要去乞讨、借钱，甚至是偷窃。

我有时开玩笑说："在我创办我的演讲和咨询公司时，我再次学习了如何销售。"我卖了我的房子，卖了我的车，也卖了我的家具。我搬到了租的房子里。我不得不把我的车停在一个街区之外，以防被银行拖走。当我资金短缺时，我便"拿着杯子找我的朋友乞讨"。随后又找到我的弟弟，虽然他一点也不成功，但为了支撑公司的发展我不得不向他借钱。此外，我不得不去找我生意上的朋友，向他们借钱。我不得不把我所有的东西都抵押出去或卖掉。就像我们之前说的，我的公司面临资金短缺时，就像一架正在俯冲的飞机，面临即将坠毁的风险。

后来我了解到，在商业上取得成功需要有一些必不可少的品质，其中一项品质就是理财能力。理财能力是指一个人积累、保存、分配金钱，聪明地使用金钱，以及创造更多金钱的能力。大多数人在创业之初是不具备这种能力的，我当时就面临这样的情况。

在创办新公司后的两到四年的时间里，你需要一直与时间赛跑。所以你要努力、努力再努力。没有人能够预见在一开始会面临这么多困难，因为你不具备相关的技能。根据二八定律，大多数的创业者在最初的一两年或两三年后就放弃了，因为他们没有毅力在经历所有的失望后依然继续坚持下去。

有时候，有些拥有属于自己的房子的创业者不得不卖掉自己所有的房子，还要额外再向其他人借钱；有时有些创业者会彻底破产。这就是为什么银行永远都不会借钱给你，这就是为什么再笨的风险投资家也不会借钱给你，因为你所创办的企业的失败率高达99％。你还没有表现出你有能力获得融资并配置资金，更没有能力用筹集的资金赚到更多的金钱。所以你必须将人力资产转化为金融资产，也就是说你必须不停地努力工作。如果你持续地工作、阅读、学习、研究，用尽一切方法征求他人的想法和信息，寻求他人的帮助和支持，幸运的话，你最终一定会带领公司渡过难关。

这就是为什么有经商经验的人创办的公司90％都能成功，而没有经商经验的人创办的公司80％都会失败。因为没有经商经验的人不知道自己在做什么，他们尤其不知道如何将服务、人员、办公室、设施和资源集中到一个产品中，让客户愿意支付比生产总成本更高的费用。如果你能做到这一点，就可以赚到利润，并将赚到的利润再投资，不断这样循环下去。

我已经提到了自身努力的重要性。自身努力会迫使你很快变得非常聪明，因为如果你不够努力，你所创办的公司必然会倒闭。

⑪ 商业计划是最有效的保险单

商业计划迫使你在创业之前仔细考虑公司的各个方面。很多时候你会发现自己可能无法实现自己的目标。虽然你可能已经构想出某个产品或服务，但是当仔细研究生产、进口、制造和分销的成本时，你会发现已经有竞争对手在销售相同或相似的产品或服务，而且他们的价格更低，也已经有了一定的声誉。

你需要经常反思这样一个问题：为什么有客户愿意放弃他们目前所使用的产品或服务的供应商，转向我这样一个全新的、未知的供应商？人的本性是喜欢安全、喜欢有保障的东西，且人都生性谨慎、多疑。客户都不想亏钱。因此，你必须真的占据一定的优势，才能让客户放弃当前的供应商，转而向你购买产品或服务。

商界传奇苹果公司就是最好的例子。例如，在很多学校，苹果公司都是大家讨论和学习的热门话题。苹果公司想出了一个主意。即便他们从未涉足过手机业务，他们也构思出了生产新一代手机的创意，为用户提供一种完全不同的电话通信方式。

当然，苹果公司的竞争对手说："这只是一个玩具，苹果公司是在浪费时间。没有人会放弃自己熟悉的手机型号，去购买一部自己完全没听说过的型号的手机。苹果公司的手机只有一个按键，所有操作都只能在屏幕上完成。"但苹果公司有信心将这款手机推向市场。客户体验过苹果手机后都很喜欢。这是一个巨大的飞跃，领先于市场上现有的所有手机。不到五年，苹果公司就改变了全球的手机市场，并且苹果公司所有的主要竞争对手都逐渐消失了。

汤姆·彼得斯（Tom Peters）几十年前写了一本书，名为《追求卓越》（*In Search of Excellence*）。这是有史以来第一本登上《纽约时报》畅销书排行榜的商业书籍，并霸占榜单数月之久。在书中，汤姆·彼得斯指出了八项对商业成功至关重要的原则。

有人问彼得斯："这八项原则中，最重要的原则是哪一条？"他说："最重要的原则是对客户服务的执着、对照顾客户的执着。客户之所以再次购买你的产品是因为销售人员在成交后依然在服务客户。"

从几百年前追溯到今天，每一家成功的公司都以提供卓越的产品和服务以及几乎痴迷于服务客户而闻名。

虽然这做起来很简单，但你很容易分心。因为你很容易被会议、咖啡、在线课程和各种各样的小事情分散注意力。

普通公司的员工实际花在销售产品上的时间是多少？大约是每天90分钟。剩下的时间，他们忙着准备工作、清算、放松、与人交谈和与人见面共进午餐。

有一家公司与6000多家经营不善的公司合作。这家公司宣称："我们可以让你的公司扭亏为盈，但你需要向我们支付一定的费用。"我很惊讶会有多少人说："不，我们不想花钱让我们的公司扭亏为盈。即便是目前的业绩水平，公司仍然能够勉强维持下去。"

顾问最难的工作是说服这些公司的老板与自己合作，并为拯救他的公司支付报酬。那些能够拯救公司的人总是能够知道问题出在哪里，问题恰恰就出在公司的领导把太多的时间花在了与销售无关的事情上。他们在工作日打高尔夫球、拜访朋友、和他人吃午餐等，他们一直在做各种各样的大人物做的事。

这家公司进驻那些濒临破产的公司后，态度非常冷酷无情。他们说："不要再做这些事情！从早上上班的第一件事到晚上下班的最后一件事，都只做与销售有关的工作。100％专注于你的客户。"因此,他们一次又一次扭转了各个公司的局面。

作为老板、企业家,你的工作就是为客户考虑、谈论客户、与客户交谈。当你开始专注于服务客户,你就成功了90%。

彼得·德鲁克说,商业中最重要的数字是自由现金流。自由现金流是除掉所有成本之后剩余的现金流量。回想一下,一天结束时,你手上有多少钱可以放在口袋里带走?

不论是对于角落里的擦鞋童,还是对于像通用汽车这样的大型公司,自由现金流是最重要的数字。我曾与世界上一千多家大型公司合作过,他们也都这样认为。成功的公司都专注于客户和销售,每一天他们都专注于客户和销售,所有的奖励、所有的升职、所有的福利、所有的增长都依赖于客户和销售。

最不成功的公司是那些注意力分散的公司。他们会因为设计新产品和新办公室而分心。我认为20世纪90年代那些昙花一现的网络公司便是最好的例子。所有这些公司的成立都有赖于其他人投入大量的资金,他们有这样的想法:"如果投资人投资我的公司,我们将生产出其他公司从未生产过的新产品或服务,人们会成群结队地出现在我们的网站上,这样投资人将能从中赚得一大笔钱。"我们都知道,许多早期的网络公司的结局大多都是不幸破产。幸存下来并蓬勃发展的网络公司则开始投资公司的品牌建设。

品牌建设是所有公司可以做的最有效的事情之一。客户知道如果他购买你的产品或服务，他将获得某种好处或优势，因为你的公司享有这方面的声誉。

哈佛商学院提出：声誉是一家公司最宝贵的商业资产。公司的产品和服务可能会变化，公司的员工也会来来去去，竞争对手也可能会变化，但公司在产品或服务的质量和价值方面的声誉是一直不变的。

公司有时也会收购另一家公司，这家公司的价值可能高达100万美元。但公司可能会为此支付1000万美元。多出来的这900万美元是什么呢？答案很简单：购买这家公司的商誉。商誉实际上也是公司的资产。拥有商誉的公司比没有商誉的公司更有价值。

每一次与客户的互动都必须能够提升商誉、吸引客户的青睐。良好的声誉能够缩短客户购买产品所需的时间。

客户不用经过太多思考就会购买苹果手机，他们愿意走进商店，心甘情愿地支付两倍于竞争对手的产品的价格。苹果也一直在提高产品的价格，就是因为他们享有良好的声誉。客户认为："苹果是业内最好的，如果某种产品是业内最好的，我愿意支付更高的价格，我也会重复购买这件产品。"他们愿意大排长龙去购买声誉良好的产品。声誉意味着商家非常看重客户服务和产品的质量。

🔟 投资者看重的四个关键问题

不论你的公司规模如何，你都要一遍又一遍地提出和回答下列这四个关键问题。客户、投资者、参与者不会明确地或大声地问你这些问题，但你必须能够回答如下这四个问题。

第一个问题是：需要投入多少钱？你希望投资者为你的企业投资多少钱？

第二个问题是：能够带来多少回报？投资者能拿回多少钱？我现在正在推进一个大型房地产开发项目，不停地与我的合作伙伴沟通。我们来来回回交谈过多次，我向他们强调：你做提案、报表、商业计划书以及投资产品时都必须思考这两个问题：需要投入多少钱？能够带来多少回报？

第三个问题是：周期多久？投资者多久能拿回他的钱？

第四个问题是：有多大把握？投资者如何相信他一定能够拿回自己投资的钱？

如果投资人对任何一个问题的答案不够满意，他都不会投资。他们只会说："我不投资了，容我再想想。我对这个项目不感兴趣，这不是什么好创意。"

我已经和上千位企业家交谈过。他们都有同样的感触："拿到投资人的投资有多难！回答这四个问题有多难！"投资人对这四个问题的答案非常严苛，而且不是一般的吹毛求疵。你千万不能说："哦，你会赚很多钱，你会不费吹灰之力就能赚很多钱。"

再回到网络公司，许多投资人已经在这些不够成熟的想法中投入了数亿甚至数十亿美元，他们称这些公司为"预收入公司"（prerevenue companies）。预收入公司是一家从来没有做成过一笔生意，但投资人实际上已经为它们投入了大量资金的公司。

今天不一样了。马克·扎克伯格（Mark Zuckerberg）甚至在照片墙（Instagram）没有成交过一笔生意之前就已经投资了数十亿美元。有人说："这太疯狂了！这家公司从来没有卖出过一个产品。"他说："看数据。"他们查看了注册照片墙以及因此又注册脸书 ❶（Facebook）的人数，进一步观察这些人会购买、投资和花费多少钱用于广告中的产品和服务，以及其他商家预计花多少钱吸引这些人作为自己的潜在客户。

如今，扎克伯格和脸书所有的收入都来自向那些想要访问Instagram 等公司的人销售广告。他们每个人基本上都会花费数百美元，因为随着时间的推移，这些人将每年在产品上花费大量的金钱。这就是为什么如今你会看到扎克伯格投入了这么多的资金。

在20世纪90年代，很多公司已经尝试过同样的事情，但大多

---

❶ 脸书现已更名为 meta，元宇宙。——编者注

数都失败了。如今，我的商业伙伴也曾是这类预收入公司的老板，公司有600名员工，这600名员工像狂热分子一样每天工作12个小时、14个小时，甚至16个小时，他们每天都提早上班、主动加班。公司耗资数亿美元买下了办公楼，但在破产之前，即使他们倾其所有，也没有促成一笔生意。因为他们没有意识到回答这四个问题有多难：需要投入多少钱？能够带来多少回报？周期多久？有多大把握？

在企业对企业的销售中，在任何与投资、发展或增长有关的事情中，这些问题会一遍又一遍地出现。如果你想让别人向你的企业投资，你需要反思：你希望他们投资多少钱，他们能得到多少回报、什么时候能得到这些回报，以及他们有多大把握？

虽然投资人不会明确地问这些问题，但他们一定会思考这些问题。即使有时他们的头脑中对这些问题还没有明确的答案，你也都必须回答这些问题。如果你的回答不能令投资人满意，他们会说"不"。

我目前正在从事一项房地产开发项目，该项目包括一处价值约3.8亿美元的商业地产，项目的地址位于美国一个快速发展的地区。我和合作伙伴们坐在一起开了三四天的会。

他们说："这个项目一定会带来不错的收益。"我说："不，不，这样说太笼统了。必须要说得非常清楚，要明确地写出具体的数字，而且还要证明这个数字是准确可靠的，包括确切的数字是多少？租金是多少？该地区有多少潜在租户？他们愿意支付多少租金？他们多久会付款？他们入住的速度有多快？"

我的合作伙伴都是美国一些最聪明的房地产开发专家，拥有三四十年的从业经验，如今他们也都是从四个问题的角度思考问题。在彼此往来的每一封电子邮件中，我们都会谈论这四个问题。比如，我们会说："我们改进了第三个问题的答案，我们正在研究第二个问题，等等。"

你也要这么做。在商业中，赚钱是一件非常困难的事情。你不能一厢情愿地认为"哦，它一定会赚钱的。"太多人，包括你和我，都因为投资不切实际的项目而损失了大笔的钱。如今，我们一定不能再这样做了。如果我们遇到了任何不切实际的投资的诱惑，我们的朋友、配偶、商业伙伴会点醒并阻止我们。他们会问我们尖锐的、苛刻的问题，表现得非常冷酷无情，我们也需要以同样的方式思考投资的问题。

记得我之前说过：每个人都想要利益；每个人都想改善自己的处境；每个人都想赚更多的钱，拥有更多的钱；每个人都想在经济上独立并变得尽可能地富有。所以，只要有好的想法，就会有人向你投资。正如电影《梦想之地》（ *Field of Dreams* ）里的一句台词："要引金凤凰，先栽梧桐树。"

150年来，美国商界流传着这样一句话："如果你制造出更好的捕鼠器，世界就会为你铺平道路。"这句话可能适用于早期的美国商界，但现在情况不再是如此了。如今，即便你造出了一个更好的捕鼠器，你还需要打通一条通往客户门前的路，不仅要在客户门口排队拜访，还需要一次又一次地拜访客户。一些非常成功的投资案例都是有人周复一周、月复一月、年复一年拜访客户的结果。无论是银行、资本家、朋友还是天使投资人，他们有时需要很长时间才能确信自己一定能得到回报，才愿意试一试。

顺便说一下，天使投资人是最受欢迎的投资人之一。这些人在商界赚了很多钱，他们想赚更多的钱，却又不想自己创业，所以他们会投资有前途的新公司。他们不仅能从中获得股权，还会提供相关的专业知识。天使投资人通过创办和建立一个或多个企业赚取了大量的金钱，因此他们会投入一定的资金以换取你使用他们的专业知识和能力。对于大多数创业者来说，这是一个很好的资金来源。

作家 W. 克莱门特·斯通（W. Clement Stone）曾经说过，如果你不能省钱，那么成功的种子就不会种在你的身上。你必须能够在很小的时候就练习自我牺牲、自我训练、自我控制。你必须限制你的开支、必须省钱。

如果你不能存钱，就只能毕恭毕敬地找到潜在的投资者说：

"我有这个创业的点子，但我没钱。"即便潜在的投资者不够聪明，他们也不会给你钱，因为你这么做已经证明你没有能力处理金钱，你就像一个有零用钱的孩子只知道出去买糖果一样。

我从白手起家的百万富翁身上学到了这一点：他们不买新车。为什么？因为如果买一台优质的二手车，剩余的钱就可以投资于生意或财产上，这些钱就会增值。所以他们不买新车，只买二手车。

当你创办一家新的公司时，常常会租用新的办公室、购买新的家具，当然我也犯过这样的错误。此外，你还会购买新技术、设备、信息和计算机。但成功人士为了减少现金支出，只会购买二手的东西，或者是借用、租用他人的东西。他们也因此证明他们有能力管理好钱。

许多年前，我的大老板给了我一个创业和经营的机会。他是个企业家，名下拥有200家公司。当他接触了一个新公司的时候，他问我："你觉得这家公司怎么样？"

我说："我研究一下再答复您。"大约两周后，我做完了相关的研究，带着一份完整、详细的商业计划找到我的老板，告诉他这家公司不错，有很大的潜力。他说："好的。你来负责这家公司的运营，我会给你一定比例的利润。"

他说到做到，我也开始管理这家公司。我对这项业务一无所知，也不了解进口和分销。我每天工作12到15个小时。接下来的两三年，我的黑眼圈从来没有消退过，因为我为了成功每周需要工作7天。最终，我终于成功了。

我需要租一个带办公室的配送仓库。所以我找到了一个翻新过的仓库，仓库的位置位于过去的城市制造业区。我租了这些办公室，然后去了几次拍卖会，买了一些商用的家具、椅子、架子等类似的东西。我买的都是二手的家具。对我来说，这样的做法十分合理。如果买全新的，需要支付的价格是在拍卖会上从破产公司那里购买二手物品的2倍、3倍或4倍。

6到8个月后，公司开始正式投入运作，开始产生销售额和利润。大老板住在一个遥远的城市。他第一次来到这家公司时，在公司里到处走走，看了看我的员工和办公室。公司的办公室很小。

他说："我很惊讶你所有的办公用品都如此便宜。小的开支意味着高额的利润。"如果没有他给我讲课，我不会寻找各种能想到的省钱的方法。在他的公司里，他周围的人把钱花在买新车、新家具和租新办公室上，而我总是追求便宜、便宜、便宜。我在24个月内为那家公司创造了2500万美元的利润。这是他全球公司中最赚钱的分支机构之一。尽管其他分公司的人对我怨气十足，但我一直专注于两件事：降低成本并专注于销售。除了销售、销售、销售，什么都不做。

我在30多岁的时候学会了这个效果惊人的方法。它为我打开了一扇又一扇门。我的老板给了我另一个机会，让我白手起家创办另外一家公司，之后又让我创办了一家公司。很快我就管理了这家跨国公司的三个分支机构，并且这三家分公司都在赢利。为什么？因为我一直专注于两件事：降低成本并专注于销售。

这是生活中最重要的原则之一：如果你证明你能在小事上做得很好，机会大门就会为你打开。但如果你不能证明这一点，如果你不能取得成就，如果你不能使小的公司产生利润，机会之门会随之关闭。你也不会有什么大的作为，只能去给别人打工。

第五章

从员工心态到企业家心态的转变

如今你已经开始创业了，如何将自己的心态从一位普通员工的心态转变为企业家的心态？

❺ 员工心态和企业家心态的区别是什么

二者心态上的区别在于，企业家有主导权，而员工没有主导权。但企业家要铭记，员工不欠你任何东西。正如我一直在说的，人都希望有安全感，也喜欢稳定、安全的感觉。因此，公司可以巧妙地通过保障员工的安全感，降低公司的工资成本。换言之，老板雇用员工为自己工作，员工的工作会为老板创造一定数额的收入，则老板需要向员工支付工资。老板需要支付多少工资？规则是：老板向员工支付的工资的数额不超过员工所创造的收入的三分之一，但最好是六分之一或十分之一。

比如像微软这样的公司。如今，微软拥有120000名员工，是世界上最赚钱的公司之一，但每一位员工贡献的价值都超过了公司雇用他们的成本，所以每一位员工都为公司创造了利润。

一个好员工的标准是能够为公司创造出高于雇用成本的利润。这意味着无论公司支付员工多少报酬，他创造的收入都高于公司雇用他实际需要支付的成本。因此，多雇用一位员工意味着增加一个额外的利润来源，此外其中一些员工还能为公司创造超额的利润。

例如，史蒂夫·鲍尔默❶大学毕业后去了宝洁（P & G）这样的大公司工作。他每天都在自己的小工位里一直努力勤奋地工作。周围的人逐渐意识到："这家伙真能干，能为公司赚到很多钱。不论把他放在哪个职位，不论付他多少薪水，公司都能得到超额的回报。"所以公司对他委以重任，也安排他领导一些员工。最终，他成为微软的总裁。在他退休时，他所持有的微软的股票价值高达67亿美元。而他在职业生涯的最早只是一名为公司创造收入的普通员工。

员工之所以乐意为公司工作，是因为他们对于安全感的诉求要大于其对机会的渴望，他们也不追求较高的收入。所以只要你全力以赴（正如德州扑克游戏中的全押那样），如果能够成功，则可以

---

❶ 史蒂夫·鲍尔默（Steve Ballmer），微软公司前首席执行官兼总裁。

赚到很多钱。否则，员工其实更愿意为另一家能够给他们提供安全保障的公司工作，公司为他们提供医疗保障、储蓄计划、401（k）养老金计划❶和假期。我经常对我的听众这样说："作为老板，我们与大多数人都不同。这个世界的法则是弱肉强食，如果我们不能成交，如果我们不能创造收入，那么我们就没有饭吃。"

不论是在生活中，还是工作或创业中，想要获得成功就一定要有自我负责的态度。我之前提到，我发现自我负责的态度彻底改变了我的生活，因为我意识到如果我能掌控自己的生活，我的成就将不可限量。为了赚更多的钱，我可以学习任何我需要学习的科目，只要我有一个明确的目标或商业计划，虽然这些目标可能有所重叠。在你的一生中，你会在某个时刻突然意识到："哇！我需要对自己负责，我要掌控自己的生活。只要我不找借口，我可以完成我想做的任何事。"

几年前，我接到了一家出版社的电话。这家出版社是美国最大的出版社之一，出版社的高层召开了一次编辑会议，讨论"什么是好的主题？当下的读者会购买什么样的书？我们一直在寻找热门的主题，即潜在客户真正想要和需要并且可以从中受益的主题。"

❶ 401（k）养老金计划，是一种由雇员、雇主共同缴费建立起来的完全基金式养老保险制度。——译者注

最后，他们得出的结论是，以"自律"为主题的书籍市场潜力很大。出版社了解到我从事这方面的研究，所以给我打电话说："我们认为由你来写一本与自律这个话题有关的书再合适不过了。你觉得怎么样？"

我说："我年轻时就研究自律这个主题，因为自律就是克己、自我控制、自我负责。我喜欢这个主题，因为它对所有人都至关重要。自律是成功的关键，自律让你不再为自己找借口。"

所以我写了一本书叫《没有借口：自律的力量》（*No Excuses! The Power of Self-Discipline*）。那本书被翻译成25种语言出版，畅销各国。最近我与德国方面的人开了一次电话会议，他们两个人拿着这本书的德文版，挥舞着这本书，脸上洋溢着灿烂的笑容，说："这本书改变了我的人生。"

任何时候都不要为自己找借口。当事情没有进展时，不要浪费一分钟的精力，也不用愤怒或沮丧。只需要说："我来负责。"我认为这句话很神奇。"我来负责！我来负责！"你只要掷地有声地说出："我来负责！"

你的销售额下降了；你的收入下降了；你遇到了财务问题；你招了一位员工但发现他不适合自己的公司，或者是个混蛋；你卷入了一笔赔钱的交易；你丢了钱。每当遇到上述情况时，你只需要说："等一下，我来负责！"千万不要责怪对方、不要责怪当时

的局势，也不要责怪经济形势。你只需要一直说："我来负责！"

当今世界上，特别是在美国，可以大体把人分为两类。一类是那些认为别人需要负责的人，如果他们遇到了不顺利的事情，就会归咎于他人。事实上，有些政治哲学的存在只是为了可以以某种方式将某些方面的错误归咎于其他人。

另一类人具有自我负责的心态。思考一下，你认为谁是最努力工作的人、最受尊敬的人、最受尊敬的领导者、最成功的人？答案一定是那些对自己负责的人。你一定也不认为那些成功人士会把所有的问题都归咎于他人。

有人认为"我的工资应该是现在的两倍"。凭什么？凭什么你的工资应该比现在高？

如果你想获得更多的报酬，只需说："我有责任提升自己的价值。我有责任多完成一些工作，提早上班、延迟下班。如果我这样做，那么我一定会获得更高的报酬。我付出的越多，才能得到越多的回报。"这就是《圣经》中所谈到的播种和收获法则：种瓜得瓜，种豆得豆。如果你对今天的收获不满意，那就需要播种更多不同的东西。

自我负责是创业成功的起点。没有自我负责的态度，注定一事无成。虽然自我负责无法保证你能成功，但没有这样的态度注定会失败。

此外，企业家要抵制"权宜因素"。我认为这是世界上最重要的事情之一。权益因素指人总是想要寻求更快、更简单的方法来获得自己想要的东西，很少会关心或根本不关心长期后果。人们想要生活，想要社交，想要组建一个家庭，并且一直在寻找更快地、更轻松地实现这些目标的方法。

你必须自律才能抵制这种做事越来越简单、轻松的自然倾向。正如我所说，凡事总是先难后易，而养成新习惯也是先难后易。

🏛 做出改变的方法

■1000%公式

许多年前，我开发了一个名为"1000%公式"的系统。我年复一年地实践它，并且我逐渐开始将其传授给他人。这个公式很简单。

如何将收入增加1000%？这个公式表明：如果你每年能够将收入提高25%，那么通过复利计算，你的收入将在10年内增加10倍。你如何使自己的收入每年提高25%？通过提早上班、更努力地工作、主动加班、提升技能、专注于最重要的活动等方式，每月可以将工作效率提高2%。

即便你一遍又一遍地做这些事情，最开始的时候可能也察觉不到任何变化。正如一个古老的故事中说过的：如果你第一天存

入1便士，然后每天存入昨天双倍的钱，会对你的生活产生什么影响？答案是，由于复利，每天存入昨天双倍的钱，一个月内能存下数百万美元。

如果一个人每天存入昨天双倍的钱，连续15天能存下多少钱？虽然只能存下几美元，但如果是连续20天、25天、30天每天存入昨天双倍的钱，最终存下的钱是惊人的。对于农业而言，如果你第一天存下1粒小麦，然后每天存入昨天双倍的小麦，持续6个月就可以供应全世界的粮食。

根据"1000％公式"，要想成功先要早起锻炼，锻炼身体能够让自己动起来，然后每天阅读30到60分钟与自己所从事的领域相关的书籍，从而提高自己的技能。

令人惊讶的是，富人都是早睡早起。富人通常在早上6：00之前起床。一般来说，大约80％的富人在早上6：00之前起床。而我的目标是5：58或5：59起床。我尽可能延长自己一天中醒着的时间，既然富人都是早上6：00起床开始他们一天的工作，我也会这么做。

成功的商人起得更早。在普通人开始一天的工作之前，他们已经完成了普通人一天的工作。有钱人6：00起床，在7：00前计划好一天的工作，8点开始工作，到10点或11点时已经完成了普通人一天才能完成的工作。

你要提前计划每一天。你每一天都要提前列出自己一天需要完成的所有工作。这只需要花费你不到10分钟的时间，但如果你每天都提前计划，就可以在很短的时间内将工作效率提高一倍，因为计划能够帮你节省大量的时间。此外，为自己的工作任务设定优先级。如果你能够做到上述这几点，每个月都能使自己的工作效率和工作成果提高2%，每年可以提高25%。长此以往，不断地积累，不断地累积。

20世纪70年代时，我就开始这样做，我坐下来反思："我该如何提高自己的工作效率？"**那就是持续学习，持续学习所带来的累积的效果是惊人的**。正如我所说，你可以在10年内将收入提高10倍。

大多数使用这个公式的人在六七年内收入都增加了10倍。这些人目前在世界各地工作，都向我反馈说："不需要10年就能使收入增加10倍，只需要6到8年。"对某些人来说甚至可以更快。

我在5年内收入就增加了10倍，这让我简直不敢相信。我的收入逐渐地超出了我的预期。我决定再试一次，在接下来的5年里，我的收入又增加了10倍。10年来，我的收入增加了100倍，并且从未出现过收入降低的情况。

如果你足够自律，要求自己不断提升自己的技能、提前计划好一天的工作、安排好自己的工作、更加努力地工作，如果你能训练

自己把这些变成自己每天下意识的行为，累积的效果是惊人的。当这些变成你下意识的行为时，你就不会出现收入降低的情况。

坊间流传着许多这样的故事：有一些人变得富有后，就开始做大买卖。但不幸的是，他们遭遇了经济衰退，而他们又过度利用杠杆，借款过多，花费太大，最终变得一无所有。有一位英国的开发商，他非常坦率。几年前经济形势刚刚开始衰退时，他的净资产从3.5亿美元变为零，甚至连房子都没了，住在朋友家的一间小卧室里。有人问他："你的钱呢？"他说："都亏掉了。我没有钱了。"如今，他又东山再起，身价2亿美元。为什么？这是因为他一直在做他当初为了赚钱而做的事情。

如果你的目标之一是变得富有，那么你首先要做的就是研究富人的所作所为。有钱人起得早，有钱人每天读一个小时的专业书籍来提升自己的技能，有钱人非常仔细地计划他们每天的工作，有钱人参加研讨会、工作坊、学术会议，等等，有钱人与他人交流，主动征求他人的意见。这是有钱人的做法，你也要养成这样的习惯。你学习他们的所作所为并转化为自己的习惯。你养成了有效地利用时间的习惯后，就会越来越擅长自己的工作。虽然一开始可能看不到什么变化，但累积的效果会像减肥一样明显。如果你每天减掉一盎司，一次减掉一点点，长此以往地坚持下去，1年、2年、3年后，方能拥有完美的体重。

只要你自律且勇于承担责任，就能收获明显的改变。说了要做，就要付诸行动。

■记下和客户交谈的全部内容

经营人脉是实现收入快速增长的最有效的方法之一。有人说过：你的收入等于与你相处时间最多的五个人的平均收入。

因此，如果你想成功，就多与成功人士接触。多向他们问问题，记笔记，有时候他人在午餐、晚餐或喝咖啡时随便说的寥寥数语，你稍后回想这些话时会发现，它们对自己却是金口玉言，可以省去你一周或一年的辛勤工作。

我不断地收集新的想法、新的信息。我是一名演讲者、导师，同时也是一名教练。我指导的学员通常身家数亿美元，有些甚至是亿万富翁。他们付费请我指导他们，虽然我的指导费很高，但我向他们保证：不论是通过电话或 Skype 进行的两个小时的会议，还是全球范围内任何的会议，如果你认为会议没有任何的收获，你就无须向我支付任何费用。

但从来没有人要求我退款，还会有人非常真切地对我说："这次会议改变了我的生活，拯救了我的公司。我从来没有听说过这种观点，从未听说过这种视角。你是怎么想到这个主意的？"我说："没有什么特别的方法，我只是保持阅读、学习，把学到的东西记下来。"

如果你把一样东西写下来，在纸上思考，你记住这件事的可能性会提高10倍。《纽约时报》《福布斯》和《华尔街日报》都曾报道过一些伟大的研究，这些研究对比了做笔记和不做笔记的大学学生之间的不同。用二八定律解释这些研究的结果，可以发现，大多数学生（80%）是不记笔记的。这些不记笔记的学生做事情总是得过且过，虽然他们去学校、听教授讲课，但只是草草地记几下笔记，大多数情况下都在玩手机、用电脑或者和朋友聊天。余下那20%的学生会事无巨细地记下所有内容，这些学生都会获得高分。可见如果你把某样东西写下来，你会记得更牢。

一些研究选择了某一门大学的课程进行研究，在一节课结束时做了一个快速测试，结果记笔记和不记笔记的学生都取得了同样的成绩。但是在整个学期的期末考试结束后，那些记笔记最详细的学生获得了最高分，而其他学生则逐渐落后。两类学生的差别在于，记笔记的学生可以参考自己所记的笔记。

我过去用线圈小笔记本写笔记。我会随身带着我的笔记本，记下每节课、每门课程、每一次研讨会等所有内容。如今，我的文件柜里装满了笔记本，大概有几百甚至上千万字。如果读到一本真正重要的书或相关的主题，我就会一页一页、一本一本地记笔记。

当你开始记笔记后，就可以经常回顾自己的笔记，这样就能更深刻地理解你所记的内容。所以不论在什么情况下，你都要记笔记。我经常开玩笑说，我甚至上厕所的时候都要带上笔和纸。电话铃响的时候，我会在接听电话之前准备好记笔记的纸和笔。如果我要去参加一个会议，我会养成这样的习惯：我会立即带好记笔记的纸和笔。这样我才能理解会议的内容。

我工作的时候，几乎都会记下我和客户交谈的全部内容，尽管我可能一年或九个月都没有和那个客户合作。当我面向一家大公司的高层管理人员或来自某家大公司的成百上千名员工演讲时，我都会回顾我的笔记。尽管我已经几个月没有回顾我的笔记了，但我的确积累了很多笔记。我记下了我们谈论过的所有内容，并把我所记的内容融入我的演讲、教学和研讨会中。

研讨会上的听众都很惊讶，他们说："我们上次谈论这些内容已经是一年多前了，而你在研讨会上一字不差地说出了我们交流过的内容。"那要归功于我做了很详细的笔记。

第六章

制订切实可行的商业计划

谈论完了人内在的思维方式，在本章中我会着重介绍一些外部工具，这些工具能够确保企业取得成功，免于沦为不幸的统计数据。首先就是要制订一个切实可行且富有成效的商业计划，并将其付诸行动。

我曾经在一个名为"两天工商管理硕士（MBA）"的项目任教，用两天的时间集中讲授一些最重要的商业构想。项目所有的课程互动性很强，参与的学员提出的问题也改变了他们的业务和生活。几十年前我了解到，思考最重要的环节是提出好问题，即具有前瞻性的问题，要通过提出真正好的问题来激发出最好的想法。

之所以有学员对我说"你改变了我的生活，改变了我的事业，改变了我的一切"，原因之一就是我提出了好的问题。他们回应说："我以前从未听到过这些问题，它迫使我思考这些问题的答案。当我想出之前从未想到过的答案时，一切就被改变了。"

在制订商业计划时，的确需要重点思考三个主要问题和其他几个问题。一切问题都始于：人们为什么要买东西？我多年前在学习经济学时学到的答案是：人类对进步的渴望能够激发自己的行为。无论你的产品是什么，客户购买某种产品都希望产品能够在某些方面改善他们的生活状况。同样地，在确定采取某种行动可以改善自身状况之前，客户是不会采取任何行动的。潜在客户是不满意的客户，我们称之为感知上的不满意。也就是说，潜在客户在某种程度上对自己的现状感到不满意，而你经营的产品或服务能够以最经济划算的方式消除这种不满。

⚔ 第一个问题：销售什么产品

产品会对客户的生活产生什么影响？你必须从人类行为心理学和基础经济学的角度回答这个问题。你要知道，客户想要购买的其实不是产品或服务。再说一次，有时我会和我的听众开玩笑说："我采访了你所处的市场中的客户和潜在客户，我发现这些人根本不关心你的产品或服务，也不关心你的公司或你的业务以及其他相关的任何东西。没人关心你卖的产品是什么。对他们来说，这些都无关紧要。他们只关心一件事：'产品或服务有什么效果？产品或服务如何在某种程度上改变我的生活、我的工作或我的家庭？'"

你必须非常清楚这个问题的答案，否则客户会直接拒绝你。请思考，你的产品或服务如何改变潜在客户的生活或工作？我最喜欢的一个商业词语是"清晰"。几年前我设计了一个商业培训项目，我谈到了"焦点"这个概念。焦点是指放大镜与太阳光成直角时，太阳光线穿透放大镜所照射的那个点。

专注于一件事的能力是取得成功的必备的技能，尤其是专注于以某种方式改善客户的生活或工作。所以在商业计划中，第一个需要考虑的问题是：销售什么产品？

一定要根据产品对客户生活的影响来定义产品。产品会给客户的生活带来哪些改变或不同？你必须非常清楚地知道这个问题的答案，因为如果客户不能清楚地看到你的产品会给他的生活带来哪些改变，他们会立即拒绝购买你的产品，你也会因此而一无所获。

🏛 第二个问题：理想客户是谁

在制订商业计划时，需要考虑的两个主要问题是"我的产品是什么"和"我的客户是谁"。你要把握这两点："我的产品是什么，我的客户是谁？在所有的客户中，谁是最理想的、最完美的客户？"

几年前我读过一本书，里面最有价值的观点是寻找完美的客户。请思考，你的产品有哪一点能够吸引完美的客户？你的产品究竟是什么？你想要吸引完美的客户，那么你如何配得上完美的客户？你的哪些行为能够证明客户向你购买产品是正确的？

你要始终专注于这一点：证明完美的客户向你购买产品是正确的，这样你的产品才能优于其他竞争对手的产品。如果你能做到这一点，你一定能够创办一个规模宏大而成功的企业，你也会因此变得富有。成功的公司会尽一切努力使完美的客户购买他们的产品，成为公司的常客，并向他的朋友宣传自己的产品。

那么，你销售的产品会给顾客的生活带来哪些改变？你的理想客户是谁？这又回到了我所说的：清晰，清晰，清晰。也就是调查清楚，客户的年龄是多少？受教育情况如何？他们经历过什么？现在的情况如何？他们需要和想要什么？担心什么？他们有什么问题、目标、困难？

你必须非常清楚这些问题的答案。有一次，我给学生布置了一个练习："在接下来的休息时间，想象一下你正在和某人交谈。那人说，我在这个城市认识很多人。我一生中的大部分时间都生活在这个城市，我认识的一些人中，有人可能会成为你的优质客户。所以在不告知我你的产品、你的服务、你的公司、你的业务等其他任何东西的情况下，向我描述一下你的理想客户的样子。这几乎就像一个谜、一个秘密测验。请向我描述你的完美客户，我再考虑我认识的人中谁与你的描述相匹配。"

你必须能够描述出自己的理想客户是谁，以及理想客户看重什么。你要思考："我的理想客户非常想要什么以至于他们愿意花钱购买我的产品？"请记住，客户永远是对的。如果客户拒绝你、表现得十分犹豫，或者延迟购买你的产品，其实他们是在告诉你：你所销售的产品没有什么市场。

如今，许多成功的企业会找到他们的完美客户。当他们进军某个市场后，找到1位、10位、20位或100位完美的客户，与他们携手合作，开发出这些完美客户喜欢的产品。这就是完美的产品。

举一个例子：有位男士创办了一家非常成功的高科技公司，并在创业成功后以数百万美元的价格出售了这家公司。他决定再次创业。这就是成功人士的做法：他们创办一家公司后，当公司发展壮大到能够产生大量现金流之后就将其出售，然后再次创业。他们会寻找另一种产品、一种新服务、一个新的客户市场。

这位男士的团队花了数百万美元，埋头苦干了一年多开发出了一个产品，他们认为这个产品很棒。随后，公司内部进行了一场激烈的辩论：我们是应该发布一个免费的测试版，让客户给我们提出一些意见，试用我们的产品，并告诉我们他们更想要什么以及不想要什么，还是说我们直接将产品投放市场进行销售？

如今，最常见的销售产品的方式是将产品投放在市场尤其是商店中。你走进商店就会发现产品已经在商店中了。你甚至根本不知道某个产品即将发售。他们想保守秘密，因为他们不希望被竞争对手抢占先机。

所以这家公司提出："我们将在公司的数据库中找出10000名潜在客户，免费请他们试用我们的产品。"

这家公司将产品免费寄送给客户，等待得到客户的反馈，即客户喜欢什么，不喜欢什么，等等。令他们惊讶的是，客户一片寂静，他们没有得到任何客户的反馈。他们坐在那里，苦恼于花了数百万美元免费提供试用的产品，却没有得到任何的反馈。

接着，公司总裁做了一件自己作为技术工作者从未做过的事情。（技术人员不喜欢与客户交谈，他们喜欢在网上完成所有的工作。）他在数据库中找到了一位客户的电话号码，打电话问他："我们免费给您寄送了我公司的一件产品，但我们注意到您没有对产品做出任何反馈，您能告诉我们是为什么吗？"

客户说："因为我不想要这个产品。"

"但它是免费的。"

"即便是免费的，但我也不想要这个产品。"

这家公司的工程师、技术人员、产品开发人员一致认为这个产品会异常火爆，客户会争相购买。但没想到客户却说："不管多少钱，我都不想要这个产品。"

"不管多少钱您都不想要这个产品？"

"没错！因为它不能满足我的任何需求，无法解决我遇到的任何问题，无法帮助我克服任何困难，也不会以任何方式改善我的生活。"

公司总裁感到非常诧异，进一步询问客户："那您想要什么产品呢？"

"虽然我不想要这个产品，但这个产品确实有几个很好的功能，如果你能再结合某些别的功能，我会对你们的产品非常感兴趣。"

因此该公司重新对产品进行了调整。客户说："还是不错的，只是我没时间用它。"即便产品是免费的，客户有时也不肯要。该公司又再次从数据库中挑选客户，向他们提供免费的新产品并寻求反馈。这样重复了99次之后，这家公司开发出了一个完全不同的产品。之前拿到试用产品的客户都非常兴奋，成批地购买了这家公司的新产品。过去即便免费都无人问津的产品变成了价值数百万美元的产品。公司的人说："我们之前从未想到在推出新产品之前，要打电话询问客户的意见。"这一点很重要。真正成功的公司是那些提前做了很多准备的公司。

再讲一个我很喜欢的故事。一家大型宠物食品公司耗资3.5亿美元打造了一款堪称完美的狗粮。这款狗粮营养丰富，富含蛋白质、矿物质和维生素，是有史以来最完美的狗粮。他们秘密开发出了这款狗粮并在全国范围内发售，但销量平平。公司想要探寻其中的原因。

他们得到的答案是："从理论上说产品是完美的，但狗狗不喜欢吃。"这是一个很好的例子：再完美的狗粮，如果狗狗不喜欢吃，销量也不会好。所以，在发布新产品之前，一定要确保潜在客户喜欢你的产品。

⑪ 第三个问题：客户寻求什么价值

当你对客户说"这是我的产品的价值"，是什么会让客户给出以下三种回答？客户的第一种回答是"我想要这个产品"，而且必须是下意识反应，就像开关闸刀一样。客户无须经过在纸上构思或记笔记就能立刻给出这样的回答。

第二种回答是"这个产品简直是为我设计的。我现在就想拥有这个产品。我甚至不在乎产品的价格，只希望产品能以某种方式改变或改善我的生活"。

第三种回答是"你是怎么做到的"。在世界范围内，最流行和最成功的一则广告是"为您节省税款"。你刊登了这则广告后，所有读报纸的人都会盯着它看，因为每个人都觉得自己交了太多的税。他们认为自己的税收负担过重，能从纳税中得到的好处却很少，因此许多人讨厌纳税。

你要探寻如何定义产品的价值，才能让客户下意识地产生"我想要那个""这个产品简直是为我设计的""你是怎么做到的？"这些反应。如果你能做到这一点，就一定会成为赢家。如果你的广告语无法激发客户的这些反应，那就必须重新构思。顾客永远是对的，客户总是知道目前什么产品才是最适合他的，而你恰恰需要做到这一点，而不是说服客户购买你的产品。

这也是商业计划书的一个重要组成部分。你提前做的实验越多，就越有可能得到正确的答案，才有可能向市场推出正确的产品或服务。只有这样，你才能很快地完成销售，成为一名成功的企业家。反之，如果你没有得到这些积极的反应，你的产品或服务注定会失败。

你花在提前思考和制订正确的商业计划上的时间越多，你的公司取得成功的可能性就越大，你才能开发出客户想要、需要并愿意为之买单的产品或服务。那么，现在的问题是你打算如何销售？这也是导致所有网络公司倒闭的原因：网络公司几乎都是由从未销售过任何产品的技术人员创办的。

由创业者创办的公司，从公司创办的第一天起就必须依靠销售产品才能维持公司的生存。如果公司的管理者并非公司的创办者，则情况完全不同，因为这些公司无须一开始就为公司的生存而销售产品，所以心态也是完全不同的。如果让一个从未有过任何销售经验的人负责一家公司的运营，后果一定惨不忍睹。

假如一家创业公司身处一个异常繁忙、活跃，竞争激烈的市场中，为了使公司生存下来，公司必须不断地提供更快、更好、更便宜的产品和服务，并且还要不断地更新自己的产品，因为销售过程是整个业务流程的重点。

小公司刚起步时，就像一只追着车跑的狗一样漫无目的地投身于市场，倾尽所有资源，累得筋疲力尽才终于创造了一定的销售额。而随着公司的发展壮大，他们才开始后悔为什么没有形成一套销售系统。

所以，该公司形成了一套销售系统，不再让每位销售人员用不同的方式销售公司的产品。这也是 IBM 发展成为世界上规模最大的计算机公司的原因，也是惠普、谷歌和苹果等众多公司发展成为行业巨头的原因。每个成功的公司都必须形成自己的销售系统，就像麦当劳或其他特许经营企业一样。你购买一套经过验证的系统，学习该系统，并且按照系统的要求开展销售工作。这家公司的运营方式是这样的：当你打电话询问信息时，你会收到一条信息："为了保证服务质量，本次通话将会被录音。"他们通过检查的方式确保他们对与自己交谈的所有客户说的是同样的话。如果你在不同的时间和地点给这家公司的任何人打电话，他们都会说同样的话。

在公司的发展阶段，一旦公司开发出了一套有效的系统，便可

迅速发展壮大。举一个有关一家运输公司的老板的例子：他发现他需要更多的销售人员用同样的话术让客户购买公司的家具运输服务，公司开发出了一套销售系统并推广使用，5年内销售额增长了106倍，而公司只需要雇用和培训更多的员工。

多年前，我在一家销售百科全书的公司工作。这类公司的销售人员需要挨家挨户推销，他们招募员工时，会对求职者说："如果你按照我们的系统进行销售，一年可以赚50000美元。"这能够吸引许多没钱、学历不高、没有机会、技能有限的人。

我观察过这些公司的运作方式。公司会派一个人来培训新入职的销售人员，就像教他们背一首诗或一首歌一样，新的销售人员便会记住这些销售的演示过程。

这些公司花了一大笔钱才开发出了这个包含42个问题的演示过程。

当他们的销售人员上门推销时，他们会说："您好，我是国际教育系统的×××，您是住在这里吗？这是您家吗？"最开始销售人员一定要先询问："这是您家吗？"这是42个问题中的第一个问题，因为有时开门的人是访客、亲戚或租房者，这些人是不会购买的。他们不感兴趣或没有钱，所以销售人员必须首先提出正确的问题："这是您家吗？"

如果顾客说："是的，这里是我家。"

他们接着问："好的。您相信高等教育的重要性吗？"

这位顾客也许会说："相信"。如果顾客说不相信，销售人员则要停止推销，马上离开。因为如果一个人不相信高等教育，向他们谈论购买一套高等教育百科全书就相当于对牛弹琴。

销售系统中包含42个类似的问题，且这些问题经过了公司销售人员的反复试验。其中第42个问题是："合同一式两份，您能签下你的名字吗？"随后便可达成交易。他们用这个系统累计卖出了价值超过10亿美元的百科全书。当时，所有图书出版公司都在效仿行业巨头不列颠百科全书出版公司的销售系统。如果你按照这个系统进行销售，提出正确的问题，顾客也能用正确的方式回答问题，就能创造数以亿计的销售额。

当今世界最顶尖的公司都拥有自己的一套经过验证的销售系统，这就是它们发展壮大的原因。然而，70%的公司，尤其是小公司，根本不对销售人员进行任何的销售培训。这些公司雇用销售人员之后，就给他们发一些小册子，介绍一些有关产品的知识，并开会介绍产品的功能，解答员工的疑问。这些公司也会询问销售人员："当顾客这么说时，你会说什么？"销售人员给出了答案后，公司的人会说"好的！很棒。"随后，这些销售人员就会出去和顾客交谈。他们不明白为什么公司每个月都挣扎在发不出工资的边缘，一直都在努力获得足够的运营资金。直到公司开发出了一套销售系统，这种情况才逐渐好转。公司整合运用了自己掌握的所有有用的知识，每位销售人员都认同逐字逐句地遵循这一系统。最终公司的销量翻了10倍。

 第四个问题：产品如何销售

这不是一个随意的问题。这就好比，如果你需要进行脑部手术或心脏手术才能活下去，这个手术该怎么做？你一定不会说："哦，别担心，去手术室拿几把手术刀就行了。"这是手术的关键环节，可不能这么随意。

第五个问题：谁来销售产品

"谁将与潜在客户进行面对面、一对一的交流，也就是说亲自与潜在客户进行深切的交流从而促成这次交易？"你会发现最顶尖的公司对这个问题都非常谨慎。他们会事先充分考虑这个问题：这个人会是谁？如何着装？会给客户留下什么印象？他们要说什么？见客户前和见客户后他们需要做些什么？过程是怎样的？

找到并雇用一名优秀的销售人员是世界上最难的事情之一。相比之下，遇到一个好的脑外科医生或心脏外科医生更为容易。找

一个有技能的人比找一个好的销售人员要容易得多。

许多公司常犯这样的一个大错误：总是试图通过支付销售人员尽可能少的报酬来节省开支。他们总是抱怨说："我想从另一家公司挖来一名优秀的销售人员，但是成本太高了，需要支付高昂的报酬。"

请记住，一个好的销售人员能够创造高于雇用成本的利润，他们为公司贡献的收入和利润远远超过公司支付给他们的薪水。我曾与专门从事人员选拔的人交流过，他说："如果你要创业，你能做的最明智的事情就是不惜任何代价聘请到一个或多个超级销售员。"

超级销售员能够带领公司实现重大的发展，因为这些人能够使你的公司获得极大的成功得到很多利润。使公司发展壮大的最好方法是招聘到顶尖人才，除非公司的规模非常庞大，才有必要招募职场新人，从头开始培训他们——但永远不要把注意力从销售上移开。鉴于竞争对手拥有超级销售人员，所以你也必须聘请到超级销售人员。一流的公司都拥有最顶尖的销售人员，二流的公司拥有二流的销售人员，而三流的公司正在逐步走向破产。

🏛 第六个问题：产品的价格是多少

你必须非常谨慎地回答这个问题。这就好比瞄准靶子准备射

击一样：即便离靶子只有一小段距离，也一样是脱靶，也就意味着根本不会成交。因此，你必须非常清楚地知道产品的价格是多少，即最适合当前市场的确切价格是多少。

我发现：为产品定价其实非常简单。假设你的产品的价格是10美元，如果将价格更改为9.97美元，相差3美分，虽然只是少了3美分，但销售额会增加40%，这仅仅是因为价格有区别了。

我曾经和我的一个朋友合作，如今他已经退休了，他非常富有。过去，他提供的一系列客户服务的价格为每年1000美元，但人们说"不行，不行，这个价格不合适"，因为他的企业家客户不愿意支付1000美元。大多数人不会支付这笔钱。

我的朋友说："那我怎么办？"后来，他改变了整个业务系统：他每月收费100美元。客户开始每月支付100美元，销售额逐渐上升。第一个月，销售额翻了三倍，并且一直不断上涨。当时，他只有10到12名员工。而如今，他有120名员工。

他一直不断努力，很快就成了百万富翁，而这仅仅是因为改变了收费方式而已。这一点值得深思。请记住，客户永远是对的。如果客户说"我买不起"，并且你知道客户只是当下无法一次性拿出那么多钱，但一定会逐步有钱买得起自己的产品，那么你就需要调整自己的付款方式。事实上，许多公司通过改变产品的付款方式改变了公司的命运。

🏛 第七个问题：产品将如何生产

你必须用书面的形式回答这个问题，要在纸上思考你将如何生产产品。公司采取的生产产品或服务的方式不同，也会改变公司的现状。公司可以选择自己生产产品或者将生产外包，有时，公司可以在公司内部完成所有业务环节，从而实现公司彻底的转型升级，亚马逊就是这么做的。起初，亚马逊与出版商达成协议：亚马逊负责在网上销售图书，然后将订单转给出版商，出版商再完成发货、收款，最后支付一定的费用给亚马逊。

显然，这样的销售流程太过复杂。因此，亚马逊如今拥有许多与飞机库一样大的仓库。他们雇用了数千名员工，并且最近亚马逊宣称他们将在全国范围内招聘50000名员工。亚马逊之所以招聘大量的员工是想在公司内部完成所有的分销工作，这是因为他们发现这是可以最快地完成将产品送到客户手中、保证运输和退货、保证付款流程等任务的唯一途径。

这样的做法也改变了公司的命运。过去，亚马逊是一家小企业，当亚马逊决定在公司内部完成所有销售流程时，只有300多家公司在他们的网站上进行线上的图书销售。而如今，亚马逊统治着全世界的图书行业。

🏛 第八个问题：产品将如何交付

你如何把货物从公司送出去？如何将产品交付到客户手中？由谁来承运？如何跟踪产品的交付过程？如何计算运费？这些看似小事，实则不然。

我喜欢用餐馆来举例。你邀请客人到餐厅，客人来落座后，你拿菜单请客人点菜，厨师按照菜单备菜。但是厨师手忙脚乱，备菜的时间过长。厨师也没有考虑太多的细节，上来的菜要不就是凉的，要不就是熟过头的或者是夹生的。

我们最近发现了一个叫作优步外卖（Uber Eats）的外卖平台，你可以在网上找到它。网站上为你列出了加盟 Uber Eats 的餐厅，你可以在线订购食物，然后登录自己的 Uber 账户。随后，你会立即收到所订购食物的确认信息，并且系统会显示需要多少分钟才能送达。你最喜欢的餐厅烹制的热的、新鲜的、美味的食物将很快送到你的手中。现在 Uber Eats 又缩短了配送的时间，美国各地的人们都用它订外卖。

🏛 第九个问题：客户如何付费

Uber Eats 的另一个优势在于可以绑定你的信用卡信息，这样一来，配送员将食物送到你的门口后就可以直接离开了。你从餐厅预定的食物22分钟后就可以送到你的手中，无须签字，也无须其他任何的流程，和用优步打车一样方便。

每当有公司提供这样方便的服务，都会激励其他企业提供更好、更快、更便宜、更方便的服务。机会无处不在。

⑩ 第十个问题：如何安装产品

一旦客户购买了产品，你如何将产品送到客户手中？各个步骤的流程是什么？如果你在某个环节上掉链子，客户就无法按时收到产品、收到错误的产品，或者需要等很长的时间才能收到产品。

全国连锁的大型商场百思买（Best Buy）曾经一度陷入了巨大的困境，销售额一降再降。他们不断地反思如何才能抓住市场的机会。他们发现：晚上和周末是人们最常购买电子产品（如平板电视和电脑）的时间，公司所有的技术人员都是在白天上班，但产品的最佳销售时间只是在晚上和周末。

百思买便提供了这样的服务——这一决定耗费了公司10亿美元："如果客户从我们公司购买产品，我们将保证店内产品的价格与线上供应商的价格一致，并且我们将派人在白天亲自上门安装产品或服务。如果客户使用产品或服务的过程中遇到任何问题或困

难，我们将在白天派出技术人员亲自上门解决。"

客户的反应基本都是："哇，天哪，太棒了！"因为这是客户面临的最大的问题。他们不知道如何安装所购买的产品，他们不是技术人员。如果他们遇到问题，也不知道如何解决。而百思买雇用了一大批娴熟的技术人员，这些技术人员调整了自己的工作重心，白天他们专心安装产品，晚上或下午在门店销售。

如今，百思买成了高科技产品行业最成功的案例之一。客户可以提前在网上做好功课，然后去百思买订购自己想要的产品，不必到店里后再考虑买什么产品。店员也会热心地为客户服务。80%到90%的客户和我一样不懂技术，该如何安装平板电视？该如何安装带有多声道扬声器的音响系统？大多数人对此一无所知。如果我在网上购买这些电子产品，我只是收到一个包装盒，盒子里装着我买的产品，我该怎么安装？我需要花多少个小时才能弄清楚如何使用所购买的产品？

百思买销售的产品的价格与线上供应商的价格一致，并提供免费的安装和维护的服务。所以，百思买扭转了濒临破产的局面，逐步发展壮大。

⑪ 第十一个问题：如何为客户服务

客户购买产品后，你打算如何为客户服务，如何让客户非常满意并反复购买你的产品，并将你的产品推荐给他的朋友？每家成功的公司都会对此问题深思熟虑。

我制订了一个叫作"终身客户"的完整计划。在你第一次接触客户或与客户沟通之前，即客户接触阶段，到成交时，如果能够遵循这样的流程，就能使客户变成你的终身客户。他们很乐意向你购买产品，因为你总是能够为他们提供优质的服务，总是很迅速地回应他们的要求。所以你不仅能够成交，还能够实现再次销售、超额销售和交叉销售，并不断能从满意客户那里得到推荐客户。

最成功的公司已经形成了这样的销售系统：公司多达85%的客户都是来自满意的客户推荐。销售系统的各个环节都需要事先经过深思熟虑，逐字逐句地让客户成为自己终身的客户，客户才会一次又一次地向你购买产品。

再说说苹果公司的例子。客户买了一部苹果手机，会继续买第二部、第三部，也会向他们的朋友和家人推荐苹果手机。你能想象到吗？正如我所说的，苹果公司90%的满意客户都计划购买升级版的苹果手机。这令人难以置信。业内人士都对苹果公司每年的赢利能力都如此惊人感到惊叹。如果你90%的客户都非常满意，打算再次购买你的产品，你的销售额就会实现惊人的增长，公司的规模也会越来越大。

"您能给我推荐一位客户吗？"或"您认识的人中有人想要我的产品或服务吗？"大多数推荐业务就是这样开始和结束的。事实上，大多数客户不想帮你卖东西。他们不想感到尴尬，也不想要求他们的朋友购买你的产品，所以你要教他们：你如何确定你周围的人中谁是真正能够从这个产品中受益的？人都想帮助自己的朋友，所以公司要设计一个系统，教自己的客户如何在他们的个人数据库中找出自己理想的客户，如何引导他们，如何为他们打开一扇门，让推荐客户成为客户主动的行为——这也应该是一种客户主动的行为。所以你的客户会不停地寻找，因为你教会了他们要在自己的社交圈里寻找可能购买产品的人。推荐的客户能够创造10倍的销售额，但只是询问客户说"您能给我推荐一位客户吗？"是远远不够的，要有一整套获得推荐的客户的机制。

 第十二个问题：谁专门负责完成所有这些工作

当你刚开始创业时，作为创业者，你需要自己完成所有的工作。你必须要在纸上思考，也要开发一套系统。

《创业神话》（ *The E-Myth* ）和《突破瓶颈》（ *The E-Myth Revisited* ）

是作家迈克尔·格伯（Michael Gerber）写的两本关于企业家精神的佳作。这两本著作鼓励所有的老板开发一套可以复制的系统，这样，一旦你开始创业，创办了自己的企业后，销售工作会变得异常简单，即便到另一个城市创办一家新公司也能照搬这套系统。你要始终把你所做的每一件事都视为一个系统，逐字逐句地思考，明确如何联系客户，如何生产产品，如何制造产品，如何收费，如何付款。

如果出现了什么问题，该怎么办？这是大多数企业家会面临的问题：如果他们不在公司，公司就会停止运行。一个很好的问题是，如果你一周或一个月没有出现在公司，你的公司能继续运营多久？这是衡量创业公司健康状况的真正标准：如果创始人不出现在公司，公司还能继续运营多久？

我一读到这句话，就开始改变我的公司，这样我就可以先离开一个星期，然后再离开两个星期、四个星期、六个星期，等等。不管我人在新加坡、印度还是在南美，我的公司都能继续蓬勃发展。甚至有时候我不在的时候，公司的利润和销售额比我在的时候更高。

那么你如何将所有事情系统化，以便你不在的时候公司也能正常运转？答案是：就像特许经营模式一样。

这就是商业计划书的全部内容。你需要仔细思考这些问题的

答案。

　　顺便说一句，永远不要忽视成功的竞争对手。你要永远钦佩成功的竞争对手，尊敬他们，给他们打电话。如果你发现他们把公司经营得很好，就主动给他们打电话，和他们交流交流，跟他们说："我们都是同行，我发现你把公司经营得很好。能给我一些建议吗？你是如何完成这一转变的？或者你是如何招聘员工的？"

　　令人惊讶的是，许多竞争对手会认为你不是他们的竞争对手。如果你在旧金山，他们在圣路易斯，他们并不介意给你提出建议。你打电话给他们，告诉他们你真的很钦佩他们能够取得目前的成就，然后询问他们是否可以给你一些建议。你说："我们一直面临这个问题，这很令人气愤。"他们会说："我们一开始也有这个问题，我们一直努力地想要解决这个问题，最后我们想出了一个解决方案。……这个解决方案会让你如获至宝，也会让你发财的。"

　　你要永远钦佩成功的竞争对手，永远不要诋毁或批评成功的竞争对手。成功的竞争对手会让你变得富有，你只需要做出一点小小的改进，便能复制对手的成功甚至比他们做得更好。

　　商业计划是企业成功的基础，因此你需要不断地重新审视和修订自己的商业计划。你唯一需要问的问题是，它有效吗？它有效吗？它是否能够创造出如我预期的销售额和赢利能力？

　　如果不能，则需要重新思考。当前的竞争如此激烈，有时候周五制订好的商业计划可能周一就需要进行修改。你的竞争对手会不断地采取行动抵消你拥有的任何优势或利益。

关于商业计划书，我需要强调的另一件事是首先要进行市场分析。在当前的市场中，你的竞争对手是谁？为什么客户应该向你而不是你的竞争对手购买产品？你需要思考这两个问题的答案，因为这决定了客户是否会向你购买产品。

你要思考的另一些问题是为什么客户更喜欢我的竞争对手而不喜欢我？在客户的心目中，竞争对手提供的哪些服务使他们的产品更具吸引力，我该如何抵消这种吸引力？我怎样才能做得更快、更好、更便宜？这是反向思考。

在美国，有一个人尽皆知的营销笑话。达美乐曾经在电视上投放过这样的一则广告："过去虽然我们的比萨配送得很快，但不够好吃，如今我们的比萨十分美味。"达美乐拿自己的食物不好吃开玩笑，但又向客户表明现在不仅配送快，食物又好吃，因此销量一路飙升。

请思考，你可以为客户提供其他人无法提供的独特附加价值是什么？独特附加价值是客户向你购买产品的首要原因，也是决定你成功与否的首要原因。你需要向客户提供一些使自己的产品优于其他产品的价值。

一旦你开发出了产品的独特附加价值，你的竞争对手就会试图

抵消它。就像小时候玩的跳背游戏一样，你跳过一个人，他跳过你，你再跳过他。这就是商业活动中常发生的事情。你占据了某个竞争优势，导致客户因此购买你的产品。然而，你的竞争对手也非常具有侵略性，他们也想要成功，想赚很多钱，所以他们努力找到一种超越你的方法，然后你再超越他们，他们再超越你。循环往复，永不停止，因为客户必须始终相信，你提供的产品在某些方面优于你的竞争对手。这个优势既可以是交付速度，也可以是多样性、质量等许多不同的因素，但这就是客户购买你的产品的原因。

我最喜欢的其中一个故事可以概括这一切。在非洲的塞伦盖蒂平原（Serengeti plains），每天早上，一只狮子醒来后就知道如果自己今天不想饿肚子，就必须跑得比最慢的羚羊快。每天早上，在塞伦盖蒂平原上，羚羊醒来后就知道，如果想要活过今天，就必须跑得比最快的狮子还快。

这个故事对于企业家精神的寓意在于，无论你是狮子还是羚羊，当太阳升起时，你就只能一直不懈努力。

第七章

招聘顶尖人才、践行成功的管理

当我创办我的创业培训项目时，我发现，创业者之所以会遇到许多困难是因为他们做了太多的小事。他们只是专注于做小事，一天结束的时候，没有完成任何重要的事情，也没有成交。

所以我梳理了培训项目的框架。培训项目由一个问题开始，即你为什么要雇人来帮助你？有这样一条规律：你是否能够成功，95%取决于你雇用来帮你完成关键工作的人。

当我开始创业时，我发现许多人不够耐心。他们一心想要得到结果、达成交易、创造收入，所以招人非常迅速。但招来的员工工作能力平平，可能会带来大麻烦。

在前面的章节中，我强调了雇用或聘请员工时要非常小心谨慎。这点很重要，因为假如你周一雇用了一位员工，周二解雇了他，你需要支付这位员工两年的工资 ❶。

所有的工作都必须由团队合作完成，所以一定要吸引和留住优秀的人才。如果是两个人一起合作，那么一个团队可以由两个成员组成。一个团队也可以是你和一个兼职人员组成。不论是经理的工作，还是老板的工作，归根结底都是团队工作。团队共同完成的事情，决定了你的成败。成功需要每个团队成员在各项关键工作中都能表现出色。

当有些企业家加入我们的培训项目时，我们首先会说："雇用一个助理或雇用一些人来完成那些可以以低于你预期的平均工资完成的工作。"这是我多年来教给企业家们的最重要的原则之一。

你现在每小时挣多少钱？将你的年收入除以2000，2000是一个人一年工作的小时数，查看你的所得税申报单便可知道你一年的收入是多少。假设你每年的收入是100000美元，那除以2000，意味着你的时薪是50美元。现在，我要告诉你一条可以改变你的人生的规则：雇用、外包、委派给比自己时薪低的人完成其他所有任务。作为老板，不要亲自完成时薪为10美元的工作，不要复印、不

---

❶ 这是美国的情况。根据中国的劳动法，经劳动合同当事人协商一致，由用人单位解除劳动合同的，用人单位应根据劳动者在本单位工作年限，每满一年发给相当于一个月工资的经济补偿金，最多不超过12个月。

要煮咖啡，不要做一些可以以较低的时薪雇用其他人完成的工作。

你可能会说"我雇不起助理"，但请记住，如果你做的不是只有你才能做的工作，也不是报酬高的工作，那你就是在做一些价值低的或没有价值的工作。雇用助理来处理小事的企业家会立刻发现，他们的收入提高了50%或翻了一番，因为他们没有做任何低价值的工作，只做重要的工作。

作为老板或企业家，你所做的三件事大体上决定了你的收入。如果你列出自己一周或一个月内完成的工作，可能总共会有二三十项，有时甚至是40项，但其中三项工作或活动创造的价值占你所贡献价值的90%、收入的90%、财富的90%。

你可以问问自己："我的三项主要工作是什么？"我们把这个规律称为"三原则"。如果你一整天只能完成一件事情，哪一件事会对你的业务和收入贡献最大？把这些事情写下来，好好想想。大多数人从未这样做过。

然后再问问自己："如果我一整天只能完成两件事，第二项贡献最大价值的活动是什么？"然后再问问："如果我一整天只能完成三件事，那么第三项贡献最大的活动是什么？"

你应该把自己大部分的时间花费在完成这些活动上，减少自己所做的事情，多做更重要的事情，花费更多的时间完成更重要的工作，并在每一项重要的工作上都能做得更好。作为老板，你的工作是聘请员工完成其他的任务。这是经理或高管的必备技能，因为如果你没有聘请员工完成其他的任务，就只能亲自完成所有的任务。

这就是为什么有些企业家每周工作7天，每天工作10个小时、12个小时，甚至是15个小时，但依然没有什么成就。虽然他们筋疲力尽，也面对着巨大的压力，家庭和生活的其他方面也受到了影响，但他们只是做了一些价值很低的事情，简直是在浪费自己的时间。

这是你招聘员工时首先需要考虑的问题。你需要雇用能以低于你的时薪完成所有工作的人，这样你就不用去做那些琐细的工作，不用延长工作时间、提高工作强度，只需要完成富有创造性的工作。也不用提前上班，工作到很晚，更不用在周末和晚上加班。但你会问："我应该找谁来完成这些工作呢？"

幸运的是，今天你可以雇人做30分钟的任务、1个小时的任务、2个小时的任务。你无须亲自完成，你只需要利用你的才能找到其他人来做这件事，这样你才能专注于完成对自己最重要的三项主要工作。以低于你的时薪的工资标准聘请其他人完成他们可以完成的所有工作，这样才能腾出更多时间来做那些只有你才能完成的工作，做你最擅长的工作，委派或停止其余的工作。思考一下，你最擅长什么？

⑪ 雇用优秀人才的原则

哪些员工是公司的优秀人才？刚开始创业的时候，我招聘员工时不会考虑太多。他们面试时会说："我想要这份工作，我可以做得很好。"员工总是会告诉你他们可以出色地完成工作。但你雇用他们后，会发现他们根本无法做好自己的工作，因为他们没有经验等。雇用优秀人才需要遵循以下这些原则。

（1）招聘要慢。要想招到优秀的人才，最重要的就是谨慎缓慢地决定是否要雇用一个人，就像 IBM 一样。IBM 花两年的时间决定是否要雇用一位员工，一旦决定雇用他，则希望这位员工能为公司工作30年，所以他们愿意花很长时间招聘和培训员工。小企业是做不到这一点的。所以雇用一位员工最重要的是我所说的结果的可转移性，这意味着你雇用的人在之前的公司工作时已经取得了你需要的重要成果，而且他们之前的工作做得很出色。

大公司雇用员工后会花费数周或数月的时间从头开始培训他们，但小公司、创业者则必须雇用能够立即开始工作的人，这些非常擅长自己所从事的工作并且在入职第一天就可以立即开始工作。

几年前，我的公司发展非常迅速，所以我需要招聘一名会计来帮我打理业务。我有多项业务正在同步进行，所以我要求会计必须能够准确地核算所有的账务。小企业倒闭的最大原因之一是会计部门失去控制，所以我需要一位会计。

我随意地雇了一位会计，不出所料，这位会计糟透了。我又招了一个人替代她的职位，结果也一样糟糕。我不是会计，我只是一名销售员、企业家。我是一个追求结果的人，所以我一直在招聘人，因为我不知道我怎么才能招到合适的人选。

我打电话给我的会计师说："我需要招一个全职的财务总管。"

"好，"她说，"我先面试几个人，挑选出三位应聘者，你可以从三个人选出一个你心中的最佳人选。"

她照做了，筛选出了三位应聘者供我选择。第三位应聘者是一位名叫海伦的女士，约55岁，是个并不耀眼但非常好的人，曾经在一家小企业做过会计。

最终，我决定雇用她。最后一步是谈论薪资，我问她："你理想的薪水是多少呢？"她说："我理想的薪水是每月3000美元。"在20世纪80年代，月薪3000美元是一笔不错的薪水，相当于如今月薪6000美元的标准。我说："我只打算一个月给你2000美元。"她说："对我来说，可能不够，我的开支较大。"

我说："我退一步，我每月付你2500美元，这对于有能力的人来说也是一笔合理的收入了。三个月后，我们重新讨论你的薪水。如果一切顺利，你工作得顺心，我对你也很满意，我会把你的月薪提高到3000美元。"

她虽然有些不情愿，但还是答应了。我一般都是在周末面试新员工，记不清楚那天是星期五还是星期六。我雇用她后，她周一就开始上班了。她来到公司后，接手了被前几任会计搞砸的所有的账簿和账单。她也找我了解了一些情况，给了我一些建议，让我那样做。

我惊呆了，我从未遇到过如此称职的员工。周一下午，我找到她，对她说："我知道我们原来说三个月后重新讨论薪水的问题，但是我现在就同意把你的工资提高到一个月3000美元。"我说到做到。从那以后，每年在加薪的时候，我都会找她说："你今年做得很好，我不想失去你这样的员工。我真的很珍惜你，我想给你加薪，可以吗？"她总是回答"可以"。双方为此都很满意。她为我工作了10年后就退休了。她是一个了不起的女人。

这里的重点是：**你要雇用自己需要的优秀的人**。我雇用海伦之后就再也不用担心钱、融资和会计相关的事情。在那之前，我公司的会计部门几乎失控了。银行威胁要我结清贷款，让我破产，要收走我抵押的房子。公司虽然有钱存在银行里，但账目也是乱成一团，甚至要用钱的时候根本找不到钱。

所以我招到了一个非常优秀的会计师，我对于优秀的人才在工资待遇上从不吝啬。正如我之前所说的，他们总能给你远高于工资的回报。

（2）下一条原则是"解雇要快"。这是最顶尖的大公司的经验之谈：缓慢地推进招聘的流程，但一旦发现自己犯了错误，那就果断解雇他们。有一个基本规则是："你第一次想到要解雇一位员工的时候就是解雇他的最佳时机。"当你意识到自己犯了某个错误时，实际上已经犯了错误。要果断解雇错误招聘的人，及时止损。

（3）第三条原则是任用合适的人选，并用高强度的工作让其适应新的岗位。换句话说，当你聘请的员工开始从事一份新工作时，要让他承担更多的工作。第一天上班时，先给他安排十件事做，第二天再给他安排十件事。许多公司犯的一个大错误是先让新员工安顿下来，刚来上班时只是让他们见见同事，坐在办公桌前，摆摆照片。

我在30多岁刚刚完成 MBA 的考试时，就应聘到了自己从事过的最好的工作之一。我面试完回到家后，大老板就打来了电话，问我："你有没有想过为我工作？"我说："当然，这是我的荣幸。"他说："太好了，那你就来上班吧。"

当时是周五下午3：30，我说："我可以周一早上就开始上班，您希望我什么时候到？"他说："现在就过来上班如何？"

他的办公室距离我住的公寓大约是20分钟的路程，我说："好的，我20分钟后到。"

他把我安排在整个办公大楼中最小的一间办公室里，并列出了一份工作清单。我随即就开始工作了，我们在那个办公室一直工

作到下午 6 ：00。周末我也在工作。星期一的早上，我被淹没在成堆的工作中。我沉浸在这份工作中将近两年的时间，学到的东西、赚到的薪水都超出了自己的预期。

所以当你雇用了新员工后，立刻给他们安排工作任务，进而逐步安排更多的工作，直到达到老员工的工作强度。虽然新员工可能会抱怨需要完成太多的工作，但他们会逐渐适应这种节奏。

⑪ 员工必备的品质

你要寻找有这些品质的员工。第一，他必须立刻能够出色地完成工作，无须经过一周、一个月或一年之久的学习。如果你的公司只是一家小公司，作为老板，你雇用的员工必须已经非常擅长你想给他们安排的工作。

第二，他能够承担较大的责任。你所招聘的员工不能只是为了薪水，不是只想要寻找一份轻松的工作。

我曾经遇到过这样的员工，他问我是否会为他提供汽车、假期、奖金和办公室。我对他说："你必须明白我们只是一家小公司，我们没有条件提供这些福利，我自己都没有车，我也非常想买一辆车。"

优秀的员工不会为一些琐碎的事情和你争论不休。他们能承担大大小小的任务，并且想要快点开始工作，因为他们也想做这份工作。

第三，优秀的员工都有积极的心态。雇用你喜欢的人不是主要条件，也不是唯一条件，却是关键条件。因为如果你要和那个人一起工作，你和他相处的时间甚至要多于与你的配偶和孩子在一起的时间。

因此，要确保你喜欢所招聘的这位员工。如果出于某种原因你不喜欢这个人，即使他们看起来很能干，也不要雇用他们。因为你希望你的员工都能够快乐地工作，你想创造一个适合工作的环境。

有一次，当员工之间发生激烈争执时，我把我的员工召集在一起，向他们说："我的工作是确保这里的每位员工都能开心地工作，确保所有的员工都能合力同心。所以如果有哪位员工因为任何原因不开心，那么我鼓励你主动离职。我不希望大家带着怨恨的情绪工作。公司会支付补偿金，但我不会留任任何不快乐的员工在公司工作，也不会让任何不能营造和谐的工作环境的员工留在公司工作。"

当时公司大约有22位员工，其中有一对夫妇明显让我感到很不舒服。他们总是抱怨，说闲话，吹毛求疵，批评我或其他员工。我说："如果你们二位继续这样做，我会辞退你们，因为你们二位对我的公司没有任何贡献。你们把太多的时间和精力放在工作之外的事情。"他们说："好的。"显然，他们有点生闷气，然后又继续抱怨和批评。

后来，我把他们两个都辞退了。虽然公司里的其他员工都感到十分震惊，但他们很高兴，因为他们知道我不会允许消极的员工把工作的环境弄得乌烟瘴气。从那以后，公司的工作环境变得异常愉快。

招聘员工时，你一定想要招聘到容易与人相处、其他员工对他们很满意的员工。判断你是否招到了合适的员工的方法是看他们是否经常笑。积极的工作环境是取得良好表现的基础。在积极的工作环境中，员工欣赏自己的同事、喜欢自己的工作，员工之间也乐于交谈。他们经常一起出去喝咖啡、吃午餐，经常组织一些社交活动。

有些员工在我的公司里工作了几年后，去了别的地方工作。但即便到了20年后，他们仍然和旧同事共进午餐、晚餐，共度圣诞节，依然能够很开心地相处。这才是你要寻找的员工。

此外，你要好好利用员工的时间。首先你要以身作则，最严格地执行公司的纪律。你要对员工说："在公司，就要努力工作，不要分心。公司不是坐下来聊天和讲笑话之类的地方。"规则是：如果员工在工作环境中花费超过10%的时间进行社交，就意味着工作安排得不够得当。也就是说，员工不清楚老板想让他们做什么，所以他们什么都不做。

作为经理，你的工作是确保每位员工都在忙于工作。也许你的公司员工人数太多，这样，提高效率的一种方法是减少公司员工的人数。10年前，经济开始日渐衰退，令人惊讶的是，有许多公司，甚至是财富500强公司，裁掉了数百甚至数千名员工，但工作效率、生产力、产量反而提高了。这是因为承担各项工作的人数变少了，所以他们没有时间可以浪费，员工之间的相处也会因此而变得更融洽。

你寻找和雇用合适员工的能力是公司充分发挥潜能、发展壮大的关键。有时候，一个真正高效的企业家，如果拥有一支有能力的支持团队，可以比一个没有支持团队的企业家多生产10倍的产品。老板的工作就是要充分发挥公司的潜能、把公司发展壮大，从而让员工创造出高于雇用成本的利润。

⑪ 面试是招聘过程中最重要的环节

我曾与IBM、惠普等上千家大公司合作过，这些公司之所以能发展成现在这样的规模，是因为他们在招聘过程中非常谨慎，他们面试、面试、再面试。

大公司雇用一位员工平均要面试7次，有的公司会面试10次，甚至是12次。我了解到纽约的一家公司雇用一位员工之前会面试

20次，该公司会列出一个清单：第一次面试、第二次面试、面试对象是谁，等等。即使是接待员这样级别的员工，他们也会面试25次之多。该公司五年内的离职率还不到1%。一旦被该公司雇用，就会成为该公司的终生雇员。

最成功的公司是人员流动率较低的公司。雇用一个人需要花费大量的时间和金钱，此外，还需要进行员工培训，让员工熟悉公司的业务、产品、服务、客户和其他员工。如果他们不能胜任自己的工作，公司会损失大量的时间和金钱成本，还要再雇一位新员工。

我的公司经营状况良好还有一个原因是我不断给员工加薪，我给他们加薪是对他们的技能、能力和知识的认可。

每位员工都需要具备三个关键领域的技能。第一，能够做好本职工作。第二，能够了解公司以外的所有人，即所有会影响公司的人，包括客户、供应商，以及老板所依赖的人。第三，能够了解公司内部的人员，即知道谁向谁汇报，和谁一起工作，每位员工的优势和劣势，各自的工作范围、职级和职责范围是什么。这些就是俗称的智力资本，且是无形的智力资本，每位员工都必须掌握这些智力资本才能做好自己的本职工作。

如果一个人因为其他公司每月多给他100美元而离职，你可能会损失数周、数月甚至数年的智力资本。你还必须再招聘一位新员工来创造这个资本。重要的是要明白员工不仅仅是在完成某项工作，他们对于公司的运作方式非常了解，这才是他们的价值所在。他们能够比新员工更快、更好、更容易地完成工作。

此外，还要牢记：永远不要把招聘作为解决问题的办法。很多人说："天哪，我们有太多的工作要做，那就多雇一个人吧。"在互联网热潮期间，许多公司每周招聘数百人。你能想象吗？招聘一位员工对小企业来说已经是一个不小的挑战了，更不用说招聘几百人。这些公司发展过快，一次就招聘一屋子的新员工。结局不出所料，所有这些公司都倒闭了，都消失不见了。

即使遇到了问题，即使必须完成工作，即使进度落后，在招聘的时候也要放慢脚步，慢慢来，谨慎地对待招聘工作。最好一次就招到合适的员工，而不是去匆忙地随便招一个人。

招聘到糟糕的员工需要付出高昂的代价。雇用后解雇一位员工的成本是这位员工年收入的3~6倍，因为培训新员工、与他们一起工作、监督他们等需要耗费大量的时间成本。而这些都是无形的成本。有时，你还需要花钱聘请一些外包的招聘公司。

有人说，雇用一位员工并留住他的成本是他的收入的10倍。假如某位员工的年薪为30000美元，就可能会耗费你300000美元的无形成本。商业顾问丹·肯尼迪（Dan Kennedy）在他的研究中发现了这一点。他指出：所有这些成本都是无形的。在所有的行业中，人员流动率最低的公司利润最高。

这就是为什么真正有实力的大公司在招聘时非常谨慎。因为这样一来，所招到的员工的产出也会更多，员工所犯的错误也会少得多，企业的损失就会越少，遇到的困难也会更少。

如果公司的人员流动率较低，公司就能赚取更高的利润。高人员流动率所耗费的成本都是无形的。如果公司的人员流动率很高，公司面临破产的概率也会更大，而且公司也不知道自己的钱花在哪了。

■招聘的"铁三角"

我说过很多次，你的思考能力是你拥有的最重要的技能，所以在招聘时，你要仔细考虑职位的需求。我称之为"铁三角"。

"铁三角"的第一个部分是，你期待新员工能实现什么结果？即，你希望他们在一天结束时能够实现什么目标？

如果你要招聘销售人员，那么答案显而易见：你希望他们每天、每周、每月都能达到既定的销售额。若是招聘其他员工，你必须考虑清楚，你希望他们能实现什么结果？

我出版了很多本书。因此，作为我的秘书，有一项非常重要的工作就是把我的手稿打出来，所以我养成了由我口述内容，由秘书打出手稿、排版的习惯。我们一起工作多年，我的秘书雪莉（Shirley）总是能够非常精准地打出一本又一本的手稿，这对我产生了非凡的影响。雪莉和我一起工作了12年，她一直能够出色地完成工作，所以我付给她很高的薪水。但对我而言，她能创造出的价值远远高于我付给她的薪水，因为她能确保我创作出这么多高质量的作品。

所以，你要想一想：你希望员工能实现什么结果？通常情况下，一个岗位只能带来几项预期的结果。你可以列个清单，确认新员工的三大重要任务是什么，即你期望员工完成的最重要的三项工作是什么。

员工是否能完成很多小事情并不那么重要，但无论如何，员工都必须能够完成三大重要任务。如果员工能够持续出色地完成三大重要任务，就能为公司做出重大的贡献。

"铁三角"的第二部分是岗位所需的技能。你要明确员工需要哪些技能才能完成三大重要任务或取得重要的成果，这些都基于员工既往的工作经验。当你面试新员工时，一定要询问他们过去做过什么工作，供职于哪家公司，以及取得了什么成果。请记住，你要招聘的是一个已经取得过你想要的结果并且能够出色地完成工作的人。

"铁三角"的第三部分是完成工作必要的性格特征。你想雇用什么样的员工？也许是友好、热情、乐于助人、具有合作精神，等等。许多大公司指出，员工被解雇的主要原因不是他们技术不精，而是无法与其他员工融洽地相处。

《财富》500强公司选聘CEO（首席执行官）时亦是如此。优

步（Uber）创始人的故事便能说明这一点，虽然他非常优秀，在五年内建立了一家市值700亿美元的公司，但董事会却因为他的人品问题将他赶下台。几年前，施乐（Xerox）的负责人也是因为人品问题被解雇，他经常侮辱、吼叫和咒骂自己的员工。

人品真的很重要。老板要雇用友善的人，并且只雇用友善的人。即便一个人是天才，如果他无法与其他员工一起融洽地工作，也不要雇用他。

接下来是具体的招聘方法。

首先，写出职位描述。想象一下，假如这个世界上有一家生产完美员工的加工厂。你向工厂发送订单，工厂会为你选出最适合这个职位的人选。你要在纸上思考，强迫自己在纸上思考并写下来所招聘岗位的职位描述。最令人惊奇的是，这样的做法能够充分发挥吸引力法则的作用，将完美的员工吸引到你的生活中。

举个例子。我曾经启动了一项有关管理人员培训的新业务，用视频、办公软件 workbooks 培训新进公司的员工。我需要一位副总裁来管理这项业务，但目前没有合适的人选，于是我想到了这样的一条规律：如果你没有一位领军者来推动新产品或服务，就不要推出新产品或服务，否则永远不会成功。

我听从了自己的想法，暂缓推出这项新业务。我写出了这位理想副总必须具备的34个品质。这是一个高薪的职位，这位副总的基本收入为75000美元，预计收入为150000美元。所以，我需要他能够达到以下的要求：拥有相关业务的从业经验、了解业务和销售知识、不吸烟、健康状况良好。

然后有一位应聘者从天而降，我之前从未见过或听说过他。他说："我过去是你们公司一位促销员的手下，在许多偏远的城市里到各个办公室推销你们公司举办的研讨会。我刚刚离职，我在想是否有机会为你工作，所以如果可以的话，我想占用您几分钟的时间和您谈谈。"

他人很好，也很聪明，过去曾经间接为我工作过，所以我请他进我的办公室。我对他说："我只能给你30分钟的时间，因为我真的很忙。"他进来后，我和他聊了3个小时。他各方面都非常出色。他具备所有担任这个副总职位的所有品质和个性，因此我雇用了他并让他立即投入工作。

他为我工作了将近一年的时间。那次碰面后大约一个月后，我和他一起回顾了当初我对应聘这个职位的人所要求的34种品质，他不仅满足了这34项要求，还拥有更多的优秀品质。此外，他还能够设计营销和销售的计算机程序。那家伙简直是个天才，他也是一个会终身学习并且不断提升自身技能的人。他的名字叫卡尔，直到今天我都还记得他。

你要做的最重要的事情之一就是在纸上思考。首先，列出一个清单，然后想象你要向这家生产完美员工的加工厂发送订单。像写一条指令一样清楚准确地写出你对所招聘的员工的要求，例如"我想招聘一位具有这些品质、特征、能力、技能和个性的员工"。将订单寄出去后，你会极大可能地招到完美的人选。

你一旦能够清晰地描述出想要招聘的理想员工的条件，就告诉你的朋友或同事"我想要招聘这样的员工，你觉得怎么样？"他们会说："某方面的要求高一点，某方面的要求低一点。记得加上这个条件或那个条件。"

其次，与想要招聘的员工达成共识。告诉你公司的每个人你想要招聘这样的员工。很多时候，他们会知道他们的家人、朋友、过往的经历中会有某个人与你想招聘的员工完美契合。

许多公司90%以上的员工都是通过内部员工推荐的方式招到的。老板会与员工和团队讨论想要招聘的员工的条件，非常清晰地描述出理想员工的类型。小公司可能会更快地招聘到理想的员工。每个人都有对于理想员工的书面描述，他们会问自己的配偶："你觉得这样的员工怎么样？你认识这样的人吗？"

"嗯，我的朋友某某，读书时我们是同学。一个月前刚搬回本地，现在还处于待业的状态。"有时，不经意间他们就能为你推荐完美的人选。

在这个过程中不要着急，强迫自己慢下来，慢下来的方法就是把理想员工的必备要求形成文字。如果没有形成文字，很有可能会犯下招聘的错误，而招聘错误可能会让你付出惨痛的代价。此外，与放慢速度相比，招聘错误会让你付出更多的时间、更高昂的成本。

最后，广撒网。告诉别人你在招人，告诉你周围的许多人你正在招聘这样条件的员工。知道你正在招聘的人越多，就越有可能有人向你推荐完美的人选。

我有几个朋友就采取了这样的做法。当他们的公司规模扩大时，他们会打电话给我，告诉我说："我正在招聘这样的员工，你的朋友圈里有这样的人吗？我会给你发一份书面的说明。"我几乎每年都会收到一次这样的信息，每次收到他它们，我都会自顾自地说："这样的做法太聪明了！太聪明了！与其漫无目的地猜测、发布招聘广告、聘请职业介绍机构，不如直接告诉别人。"人们会说："啊，是的，我刚和一个人交谈过，他认识的某个人可能正好符合你刚才所说的条件。"

■面试流程

我在与世界上一些最顶尖的公司合作的过程中，了解到了他们的面试流程，这些公司花了数十年的时间开发出了现行的面试流程。在面试的过程中，只需要做到以下几点简单的小事，便会对招聘的结果产生重大的影响。

第一，询问求职者过去的成就。求职者过去做了什么？请记

住，这个结果是有可转移性的。你之所以雇用某位员工，是因为他们在既往的工作中已经完成过你需要他们做的事情。如今，许多公司发现，他们更愿意招聘一些已经在其他公司成功完成过这项新工作的员工，因为其他公司已经耗费资金教他们如何完成这项工作。这样的做法让他们可以节省数周或数月的时间，并且也能在节省大量资金的前提下取得同等的表现。

在面试的过程中，你需要重点关注求职者过去做过什么，为谁做过这件事，以及实现了什么成果。然而，超过50%的求职者回答这些问题时都会给出虚假或错误的答案。

第二，招聘有紧迫感的员工。真正优秀的求职者会非常想得到这份工作，他们想立刻就开始投入工作。你可以在面试中提出这样的一个测试问题："如果我们能达成协议，并且这份工作适合你，你也是这份工作的适合人选，你愿意什么时候开始工作？"适合这份工作的求职者会希望立即开始投入工作。

我曾经的一任秘书朱迪（Judy）是一个非常完美的女性。当时我需要招聘一位私人助理，我希望我的助理有过大量与我的业务领域相关的工作经验。别人把她推荐给我，我在面试过程中问了她这个问题。她说："我真的很想要得到这份工作。我想我可以在贵公司做得很好。但如果我从现在的公司离职的话，必须提前两周提出申请，所以我现阶段愿意在晚上和周末的时间免费工作，提前适应贵公司的工作。这样的话，一旦我从现在的公司离职就可以立即投入工作。"

正因如此，我雇用了她。她每天晚上5点15分到公司，便开始工作和整理一些东西。不到两周，她便开始全职在我的公司工作。她四年如一日认真踏实地为我工作，四年后，她离职了，原因是她要生第三个孩子，没有时间工作了。但她仍然和办公室的每个人都保持朋友的关系，他们还会一起吃午饭、一起聊天。

我的大多数员工都能彼此保持如此融洽的关系。他们彼此之间都是朋友，因为他们知道自己在公司里人缘很好。即便离职了，他们也可以随时来公司和老同事碰面等。

第三，问聪明的问题。《财富》杂志的一项研究发现，一位员工是否是好员工，72%取决于他们在面试中提出的问题。如果求职者只是坐在那里被动地回答或者从不提问，这意味着他们担心说错话，但一个出色的员工会在被面试的同时面试老板。

我曾举办过一场名为"如何应聘到自己理想的工作"的研讨会。这场为期一天的研讨会深受听众的欢迎。成千上万的听众收听了那场研讨会之后都应聘到了一份新工作或更好的工作。在那场研讨会上，我提出了"信息面试"这个概念。

在信息面试中，是求职者面试老板，而不是老板面试求职者。求职者要向老板提出大量的问题，这需要求职者在面试前准备好自己要问的问题，提前把对公司的所有问题列成一个清单，其中包括公司的背景、历史、产品和服务、客户和市场以及公司的优势和劣势。求职者需要提出大量的问题，因为这关乎其未来的生活。

从老板的角度来看，老板会希望招聘一位能够无限期地将自己一部分的生命贡献到这份工作的人。而求职者想知道他们未来晋升的概率有多大、未来可以赚多少钱，在未来一年、两年内从事什么工作，等等。求职者问的问题越多，就越有可能成为一名优秀的员工。

■面试的"三原则"

"三原则"是我学过的有关招聘的最重要的原则之一。我已经将三原则教给了美国国内一些顶尖公司的高管，他们纷纷制订了这样的规则：每个拥有招聘权限的人都必须学习和实践三原则。三原则包含以下四点：

（1）至少面试三位求职者。

（2）至少面试你最喜欢的一位求职者三次。

（3）至少在三个不同的地方面试你最喜欢的求职者。

（4）至少让另外三个人面试这位求职者。

三原则指出：同一个岗位至少要面试三位求职者。永远不要在面试了一位求职者之后就决定雇用这个人。大约五年前，我与一家公司合作，公司的经理是一名很好的销售人员，却是一位很糟糕的管理者。他决定将自己从自己的日常工作中解脱出来。我已经在这家公司投资了大量的资金，但收益并不好。

于是他决定雇人代替他完成应该做却做得很差的事情。他在超市停车场把所购买的食品和杂货装进自己的车里，一边装一边和隔壁车里的人攀谈，那个人也在往车里装食品和杂货。他们聊了几句，那位经理问他："你目前在哪里工作？"

"我目前待业。"他说。

"你想成为我公司的总裁吗？"

于是，经理聘请了这个人成为公司的总裁。结果在这两个人的经营下，公司不到六个月就破产了。

仔细思考一下。对于一家潜在价值数百万美元的公司，怎么能仅仅因为在超市的停车场里装杂物时遇到一个人就草率地雇用他为公司的总裁？既没有面试，也不做背景调查。那位经理支付了过高的薪水给一位对这份工作一无所知的家伙。我经常举这个非常生动的例子来说明三原则的重要性。

所以你至少要面试三位求职者，从中挑选你最喜欢的一位。有的公司会面试五位、十位，甚至二十位求职者。对于你最喜欢的求职者，至少面试他三次。即使这个人在第一次面试时表现非常出色，也要再次面试他。第一次表现出色的人第二次面试可能表现平平，第三次就表现得非常糟糕。所以慢慢来，不着急，放慢招聘的过程，小心谨慎，切不可匆忙地决定雇用一个人。招聘要慢。

接下来，在三个不同的地方面试你中意的人选。我们之前谈到过"变色龙效应"：当你在不同的场合面试他们时，他们的行为和个性也会随之发生改变。

惠普形成了一套七次面试的制度：至少要有四名经理对求职者进行至少七次面试才能决定是否雇用这个人。一位求职者前来面试，如果第一位面试官觉得他还不错，继而请第二位、第三位、第四位面试官依次面试这位求职者。

然后，这四位面试官会进行联合面试，先是由其中的两位面试官进行面试，然后是三位、四位面试官依次共同面试。这样一来，招聘的流程就放缓了。

第七次面试时，面试官邀请应聘者和他的配偶到一家不错的餐厅就餐。这时，应聘者在想："我即将得到这份工作了。太好了，这应该是最后的环节了，他们邀请我们一起去吃晚餐。"随后，他会带着家属一同去一家不错的餐厅吃晚饭，经理也会带着他的配偶，晚餐时也只是随意聊聊天等。求职者会认为这只是最后的环节：社交谈话。其实，这实际上却是一场很微妙的面试。面试官就是想看看这对夫妻是怎么相处的：他们是怎么说话的，是否友好，是否有礼貌？家里是否有问题？他们对待服务员的态度如何？他们如何对待从事服务工作的人？他们是否能够礼貌地对待这些人，是否礼貌、友好？因为求职者未来可能需要和公司的客户打交道。

他们如何与面试官的配偶打交道？他们是平等地对待面试官的配偶，还是只是把他们当作面试官随便带出来赴约的人？面试者在第七次面试时的表现决定了他们是否会被录用。

虽然许多公司都有各自不同的面试技巧和方法，但一定要让至少三位面试官面试求职者。在你的余生中，永远不要独自做出招聘的决定。

在创业初期，我犯的最大错误就是第一次面试后就雇用了一些员工。结果，我周一雇用他们，周二就得辞退他们，因为周一那天他们给我留下了印象的深刻，但到了周二，就暴露了真实的自己。此后，我招聘时便开始进行多次面试，从而观察求职者第一次、第二次、第三次的表现。

多年来，我的公司招聘员工时至少会安排三位面试官面试求职者。我会说："很高兴能有机会和你交流，我们想确保我们彼此都能做出正确的决定，我们也希望你能尽可能多地了解我们公司和员工。我要把某某介绍给你，你可以问他任何关于公司基本情况和公司运作方式的问题。"

我的面试官们已经做好了准备，他们知道我会带求职者给他们面试。他们以平等的身份漫不经心地和求职者聊天，不会以老板和求职者的关系进行谈话。双方会就公司、生活和家庭以及过去的经历进行谈话。

然后，面试官们会告诉求职者："我们再介绍公司的另一位员工给你认识，你也和他好好聊聊。"过去，我至少安排三位面试官面试求职者，而如今，我的公司招聘员工时至少会安排七位面试官面试求职者。安排他们逐一观察这位求职者，要求求职者逐一和这七位面试官交谈。在做出聘用决定之前，面试官会安排和求职者共进午餐。

曾经的一次面试经历让我坚定了要采取这样的流程的决心。我面试了一位女士。她非常友好，很迷人，也很机智，同时还有丰富的相关工作经验，看起来似乎是完美的人选。我很兴奋，因为我真的很高兴能招到如此优秀的人。我带她到隔壁办公室让另一个男同事面试她，随后又找来一位同事面试她。面试结束后，我问他们："你们二位意下如何？"

"万万不可雇用她，这个女人简直是个灾难。首先，她刚刚因盗用公款罪而刑满释放，但她应聘的是会计岗位。此外，她是一个吸毒成瘾的人，一个正在戒毒的吸毒成瘾者。"

我差点给公司招来一个祸害，但当她和我说话时，她的确给我留下了深刻的印象，让我感觉她是一个友好、热情、乐于助人的人。但当她和同龄人以及和自己同级别的人交谈时，一切都原形毕露。

因此，我听从了他们的建议，如果我和员工就招聘某个人的意见不一致，我一定不会招聘那个人。如今，我公司的人员流动率几乎为零。如果某位员工选择离开我的公司，那是因为他们无法开发新技能，或者他们必须去别的城市结婚等。有两位员工曾经是我们办公室里的"超级明星"，后来她们结婚了，生活一步一步往前走。

总之，你要至少安排三位面试官面试求职者。即便是你中意的人选，你也要至少面试三次，在至少三个不同的地方面试，并安排另外三个面试官面试前来应聘的人，请他们给出自己的意见。如果你只是一名刚刚创业的创业者，手下没有员工，也可以请你的朋友面试这些求职者。你也可以帮助你的朋友面试他的公司的求职者，互帮互助。这样能为你们节省大量的时间，避免很多麻烦。

此外，你还要亲自检查求职者简历的推荐信，对拟聘用的人员进行简历核查。也就是说，你要致电求职者之前的老板，询问相关的情况。我们生活在一个爱打官司的社会中，你要明白一点，没有人会告诉你任何会给他们带来麻烦的事情。所以你应该说："我正在考虑雇用这个人来负责我公司的这项工作，我可以问你几个关于他的问题吗？"

他们会说："好的，当然。"但他们会非常谨慎，因为他们不想陷入麻烦。

你问他们："您能告诉我您认为他是否适合这个岗位吗？这个岗位的职责是这样的，我们希望他们能够实现这样的结果。"

他们会说是或否，会给你提供一些信息。

你可以继续问他们："您对我是否雇用这个人有什么意见或建议吗？"我记得有一次，对方说："只有一个小的问题：虽然她是一个非常好的人，但她有大公司做派。"这听起来可能无伤大雅，所以我说："谢谢。"

但我知道他的意思是这个人是个灾难。她曾在一家大公司从事人力资源的工作，她习惯于将所有工作分配给其他人。当她来我公司工作时，她负责与公司全国各地的顾问和培训师交流。

她做的第一件事就是关掉电话，拒绝接听任何人的电话。公司向所有的顾问和培训师宣布，她会成为大家的专人客户支持人员，但任何人的电话都不接。她会耽误所有的工作，她在办公室找到了一名助理，说："你给这些人回一下电话。"

一两个星期后，我发现了这个情况。客户打电话给我说："我们永远听不到她的任何回复，我们提出的任何问题都得不到答案。"我向她了解情况，她说："不，不，你不明白，那不是我的工作。我是高级人力资源顾问，如果他们有任何疑问或问题，可以写信或留言，我会请苏珊女士回复他们。"

我们是一家小公司，所有的工作都需要一对一、面对面地解决。在一个小公司里，不应该把职责分得这么细。如果一个人有疑问、困难或需要，都需要立即得到解决，比如想要跟我们做买卖，想要结案，想要一张支票。她工作了两三个月后，我最终还是解雇了她。她现在已经两三年没有找到工作了。没有人会雇用她，其他公司审查简历比我审查得更仔细，我永远也不会向别人推荐她。

此外，你还需要询问对方："您还会再次雇用他吗？"如果对方给出了否定的回答，你还需要追问："您能告诉我为什么吗？"很多时候，你会得到一条宝贵的信息。

这才是决定性的考验。如果前任雇主不想再雇用他们，那么你再雇用他们就真的是非常愚蠢的行为了。如果对方说"我不会再雇用这个人"，即便不给出明确的理由，你也应该明白其中的意味。

一位经理之前的私人助理来我的公司应聘，我和经理讨论这位应聘者时，我问他："你会再次雇用这个人吗？"他说："当然，她是我在工作中遇到的最好的人。我不得不让她离开的唯一原因是我的公司面临转型，我们退出了之前的行业。迈入新行业后没有适合她的岗位，但我很快会重新雇用她的。"我因此雇用了她。她为我工作了三年，真的非常出色。

背景调查的最后一个问题是："还有什么我应该知道的吗？"大坝决堤的时刻就要到了。对方经常说出"她喜欢吸食大麻或毒品，或者她喜欢喝威士忌"等之类的问题，他们会向你坦诚一些红色警报的问题。

所以，一定要亲自检查简历和推荐信并做笔记。一定要做笔记！做笔记！做笔记！你可能会与两个、三个或四个不同的人交谈，不能单凭自己的记忆来记住谁对谁做出了什么评价。

 提高员工绩效的管理方式

接下来，我们再讨论一下如何管理这些员工才能帮助企业取得成功。方法很简单。一些研究人员针对盈利能力突出、业务增长速度快的企业进行了最广泛的研究，他们有150名研究人员，历时12年研究了22个国家的数万家企业，最终总结出了企业取得良好的业绩需要采取的管理方式。

对于任何工作而言，以下三个因素基本上决定一个人80%甚至是90%的业绩表现。分析人员发现，能够严格坚持做到以下三点的公司都会发展成为最成功、最赚钱、最富裕、工作氛围最融洽的公司。

第一是设定明确的目标和目的。正如我之前所说，我最喜欢的词是清晰。95%的问题、困难和目标，如果变得更为清晰，就都能得到解决。但问题是公司往往对问题、困难和目标的认识模棱两可，不够清晰。员工不清楚他们应该做什么，因此涉及目标和目的所有问题一定要清晰、清晰、清晰。

老板无法对员工的性格特征产生过多的影响，个人的性格就像

眼睛的颜色一样，是天生的。然而，如果你能够清楚明确地告知某位员工你想要和需要他做什么，就可以极大地提高其工作的热情和动力。员工希望明确地知道老板想要他们做什么，所以你一遍又一遍地听到员工对你说："请告诉我你想要我做什么。"

研究人员采访了数万名员工，并和他们说："请描述一下你遇到过的最好的老板。"

"我遇到过的最好的老板是某某。"

"回顾自己的工作经历，这位最好的老板有什么特点或品质？"

很多人都会回答说："我一直很清楚他想让我做什么，他从来不会含糊其词地说他期待我完成哪些工作，所以当我上班时，我可以做我应该做的工作。"

这项研究表明：最好的老板的第二个品质是体贴。对于员工而言，体贴意味着"我觉得我的老板把我看成一个人，而不仅仅是一个工作机器"。但好老板的首要品质依然是"让员工一直都知道老板想让他做什么，让他一直都知道自己的目标是什么"。这始终是好老板最重要的品质。

第二是有明确的措施和标准，因此所有员工都知道如何测评自己的工作，即如何判断自己是否出色地完成了工作，以及如何把工作做得更好。当双方坐下来时，他们非常清楚目标是什么以及如何衡量是否实现了目标，是否以准确的方式完成了目标。员工总

是需要有一个要瞄准的目标。

管理者的工作是让员工感觉自己是赢家。这是最优秀公司的最高标准：公司中的每位员工都自我感觉良好，因为他们觉得自己是赢家。

如何让员工感觉自己是赢家？最重要的是，你要确保他们能够表现出色。员工如何才能表现出色？答案是员工很清楚你希望他们完成什么工作以及如何衡量他们的工作表现，如果他们按照你设定的标准去做，就像在比赛中冲过终点线一样，这样他们就觉得自己赢了。如果你希望公司能够取得突出的业绩，就要先让员工感受到自己取得了出色的表现。

第三是设定明确的完成任务的截止日期和时间表。你遇到的所有的士气问题，以及经理和员工之间的互动问题，都是因为员工既不清楚你想让他们做什么，也不清楚你将如何衡量工作的表现。

员工都想把工作做好，所以你必须为员工设定一个明确的目标才能使他们较好地完成工作。这就像赛跑——我知道什么时候我已经越过了终点线，我知道什么时候我已经赢了。

只要能够做好以下三点，任何人都能成为优秀的管理者：与一位或多位员工坐下来讨论每位员工应该做什么、如何衡量员工的工作表现以及工作需要何时完成，并就这三个问题达成一致。员工非常清楚自己在做什么，也知道其他员工在做什么，他们能够得到清晰的反馈，清楚地知道问题所在以及如何解决。共同的目标和共同的措施是激励员工取得良好表现的最有效的方法。

我与惠普全球业务的核心部门合作时，该部门的员工会坐在一起共同讨论一个项目。无论花费多长时间，都要确保每个人都确切地知道该小组的职责是什么、小组中的每位成员应该做什么以及什么时候应该完成。

该部门通过任务完成度来实现管理，所以领导的管理方法是询问员工进度如何，不需要长时间、详细地分析或进行绩效评估，只需清楚员工要做什么工作及其进展情况如何。他们会向员工说："不管什么原因，如果你在实现目标的过程中遇到了困难，我能向你提供什么帮助？我的工作就是帮助你完成你的工作。"

刚刚我所论述的内容虽然浅显易懂，但我认为却是现代管理的精华。你需要理解这些原理，并迅速利用这些原理管理自己的公司。如果你希望自己的孩子成年后取得成功，希望他们取得好成绩，你必须清楚什么样的成绩才算是好成绩以及何时应该完成作业。

年轻人应该养成一个习惯，就像养成吸气和呼气的习惯一样，清楚自己需要做什么才能成功。也要清楚衡量工作成果的等级和标准，以及何时需要完成。

工作中80％到90％的成功和幸福都源于此。只有当员工觉得自己的工作富有成效和有价值，感到自己正在进步和前进时，他们才会感到快乐。当员工感觉自己正在完成一些推动自己和公司向前发展的事情时，他们会感到高兴，因而自然会受到激励，完成更多的工作。

员工喜欢谈论自己的工作，希望清楚自己工作的内容，清楚如何做以及如何做得更好。所以"清晰"是一个非常简单的概念，你可以利用这个概念成为世界上最好的经理、老板、企业家之一。

如果你想与客户成交，就要找出客户在意的三大要求：客户在他们的生活中真正想实现什么目标，他们将如何衡量自己是否实现了这一目标？他们如何衡量自己是否已经成功了？客户希望什么时候成功？

客户三大要求中的任何一个得不到满足都可能导致他们愤怒、沮丧和士气低落。经理或公司老板的工作是确保每位员工都清楚地知道这三大问题。

有些人想知道，与管理前几代人相比，管理 X 世代（1965—1980 年出生的人）和千禧一代（1981—1996 年出生的人）是否需要采取不同的管理方式。我的公司里有四位年轻人，他们更希望独立，想要更多的自由，希望别人征求他们的意见，想要更多地参与自己的工作以及希望得到更多展示个性的机会。

如今，千禧一代最大的目标是感受到一种向前迈进、向前发展的感觉。你如何向年轻人灌输一种他们正在取得进步、他们正在变得更好、他们正在出色地完成工作，他们很有价值、很重要，他们正在改变世界的感觉？

方法也是一样的 —— 为他们设定非常明确的目标、明确的措施和明确的截止日期，然后放手让他们自己表达他们独特的个性。而当下，许多拥有千禧一代员工的公司只用简单地说："这是你需要完成的最重要的三项工作，不管你想几点上班还是几点下班、在周末和晚上加班或一天的任何时间工作，都取决于你。你负责完成这项工作，我负责为你设定目标和衡量标准。"

在这种情况下，你不能简单地说"我做得很好"，因为你是否出色地完成了工作，答案是显而易见的，问题的关键在于你是否完成了自己最重要的三项工作。你可以表达自己的个性，努力工作、熬夜、和同事一起工作，等等。这一点非常简单、清楚、清晰和明确，并不是某个人随便说"你做得很好，你做得不好"。

这和销售工作是一样的，你可以通过自己创造的销售额来衡量自己的表现。这不是一个见仁见智的问题，也不是个性的问题，而是有明确的标准。请思考，你实现预期的结果了吗？你按时完成工作了吗？你是否达到了既定的标准？

清晰才是未来成功的关键。为什么这一原理能起作用？有人曾经说过，人生的一切都必须是简单的，因为上帝只创造了简单的人。你设定的目标越明确，员工就越有可能呈现最佳的表现，收获良好的自我感觉。

第八章

销售与营销：公司发展壮大的动力

本章将论述销售和营销相关的一系列话题，销售和营销是所有企业的命脉。在某些方面，企业是否能够发展壮大最终取决于企业向消费者销售产品的能力。

即便你拥有正确的心态、切实可行的商业计划、合格可靠的员工以及坚实的财务资金基础，但如果不能持续稳定地将产品销售给目标客户，那么一切都将化为乌有。

可能有人会问这个问题：如果有一个人打算创业，但对销售和营销没有兴趣，或者觉得自己的个性不适合营销和销售，应该怎么办？是不是每个企业家都必须是销售人员？

解决这个问题的方法有很多。我最喜欢的是丹·肯尼迪的观点：无论你从事什么行业，都是在从事营销行业。你的工作是吸引客户购买你的产品或服务并为你付钱。如果你做到这一点，你就成功了，如果你无法做到这一点，就注定会失败，其他一切都是次要的。

哈佛大学的迈克尔·波特（Michael Porter）教授是大家公认的最伟大的营销大师，他曾写过一本名为《竞争优势》（*Competitive Advantage*）的书，这本书大约有600多页。我也购买了这本书，虽然还没有全部读完，但它的确是一本很值得一读的好书。许多大型公司以百万美元的年薪聘请他担任公司的营销顾问，希望他为公司提供有关如何更好地营销的见解。

我们先阐明营销和销售之间的区别。营销是吸引客户使用你的产品。假设你经营着一家餐厅，当你和一群人在一起时，你问大家："有人饿了吗？"他们会说："哦，我饿了。"接下来你就能顺理成章地带他们去你的餐厅吃饭。

这就是营销。营销是识别自己产品的潜在客户。而当你说"现在让我告诉你为什么你应该来我的餐厅而不是到任何其他的餐厅吃饭"时，则是在销售。

营销是让客户举手表达兴趣，而销售则是说服潜在客户，将潜在客户转变为自己的客户。这是两种截然不同的行为。

营销包括四个关键行为，也就是我们俗称的营销策略的四大定律或四大支柱。我在所有的商业课程中都会教授这一理论。大多数时候，我会说90%的企业主不了解这四大支柱分别是什么，因此，他们未能在公司的运营中发挥出自己的潜力，也就是说他们能够赚到目前10到20倍的收入。

🏛 营销策略的四大支柱

■第一大支柱是专业化

专业化是回答"你应该专注于客户满意度的哪个领域？"这个问题。

专业化的第一种类型专注于服务某个类型的客户，沃尔玛就是一个非常好的例子。沃尔玛专注于服务那些靠薪水生存的人，即市场底层70%的客户。虽然这些人并不富有，但他们也需要养家糊口，也有消费需求。毕竟，大多数人工作的主要驱动力是为自己的家庭提供良好的生活，比如购买衣服、冰箱、化妆品、家具等。

沃尔玛最开始的想法是，他们想成为为普通消费者提供产品的最大供应商。他们也是这么做的。于是沃尔玛开始思考：这意味着什么？他们得到的答案是：如果你专门为这类客户服务，就为这类客户提供他的家庭生活中几乎可以消费的所有产品或服务。沃尔玛基本上经营客户需要的一切产品，并且保证客户不会犯购买错误。他们保证购买自己产品的客户不会像到其他超市消费的客户一样，买了不合适的衣服就扔进橱柜，再也不穿了。

爱因斯坦曾说过，你必须能够向一个六岁的孩子解释你的答案，然后这个六岁的孩子又能向另一个六岁的孩子清楚地解释你的答案，并且双方都理解。如果你是一个商人，当一个六岁的孩子问你"你专攻哪个领域"时，你的答案是什么？

如果你对这个问题的回答不够清晰，只能给出混乱或模棱两可的答案，抑或专注于太多或太少的领域，都会导致客户无法像那个六岁的孩子一样立刻理解你的答案。这就意味着你必须重新思考这一问题的答案。

专业化的第二种类型是专注于技术领域：苹果公司专注于高科技领域，他们不生产冰箱或鞋子；谷歌专注于信息领域；亚马逊专注于能够线上销售并通过传统方式交付的产品。亚马逊从销售图书起家，截至现在，据我估计，他们销售3亿多种产品。世界上几乎所有产品都可以在亚马逊上购买，消费者可以在亚马逊的网站上浏览商品、查看产品的详细说明、订购、付款、发货。

专业化的第三种类型是某个市场内的专业化。有人说"我的市场是这个城镇、这个城市或这个国家，我的市场是全球性的"等。你想专注于哪个或哪些市场？这些市场可以是重叠的，可以互相竞争，但你必须专攻某个市场。

此外，一定要让客户知道你专攻这个市场。如果你的一间餐厅专门供应海鲜，另一个专营牛排或意大利面，客户必须立即清楚地知道这是你专攻的领域，也是你力求做到卓越的领域。力求做到卓越的领域也是你能够实现差异化的基础。

■第二大支柱是差异化

你如何才能使自己的产品或服务优于竞争对手的产品或服务？是什么让你的产品或服务如此出众，以至于客户会选购你的产品或服务并乐意为其支付更高的价格？

迈克尔·波特的《竞争优势》一书以及其他的相关书籍都谈到过竞争优势这个概念，它指的是专注于开发差异化领域。他们称其为"独特的销售主张"，即你能提供的其他竞争对手没有但客户关心的东西。

有人说"因为有这个功能，我的产品是最好的"，但事实证明，客户并不关心这个功能。理解这一点非常重要。独特的销售主张一定是客户关心的东西。

正如我之前强调的，你必须拥有一款对客户生活至关重要的产品。你的产品必须能够改变客户的生活，并且必须在某些方面优于任何其他试图改变客户的产品。它必须打动客户或在情感上与客户建立联系。

我经常举苹果手机的例子。我经常对我的听众说："举一个重要的关于产品的例子。你是否曾经开车离开家几个街区或几英里（1英里＝1.609344千米）后才意识到把手机忘在家里了？这时你会怎么办？"每个人都说他们立即回家去拿手机，因为手机对他们很重要，是他们生活中很重要的一部分。

　　并非所有产品都重要，也不是所有的产品都重要到能够与客户在情感上建立联系，但是你必须一直为此不懈努力。再次以餐馆为例：假设在人们步行可到的距离内有多家餐馆，这样一来找到吃的就不是最重要的，真正重要的是餐厅所提供的食物或服务达到一定的质量水平。最好的餐厅和连锁餐厅都希望前来就餐的客人感到快乐，他们希望客户能够收获良好的自我感觉。当你进来时，店员会主动打招呼，表示他们很高兴见到你，并马上为你安排座位。他们感谢你的光临，并乐意为你提供良好的服务。因此，你落座后也会面带微笑。正如我们之前所谈到的迪士尼的例子。迪士尼度假村的体验是神奇的，到迪士尼游玩过的游客都会很高兴，他们互相吹捧着彼此购买的迪士尼的产品和服务。

　　诺德斯特龙（Nordstrom）百货公司以客户服务而闻名。每个在诺德斯特龙购过物的人都有一个关于诺德斯特龙的故事，是关于诺德斯特龙为他们所做的非凡的事情。他们夸赞自己在诺德斯特龙公司购物的经历，或者他们的家庭成员在诺德斯特龙公司购物的经历。这就是诺德斯特龙公司发展成为行业首选的原因。

　　当我第一次搬到圣迭戈时，我问当地人："你的家人最喜欢哪家百货公司？"当地人说："诺德斯特龙，你一定要去诺德斯特龙逛逛。"所以我们就去逛了诺德斯特龙，也变成了诺德斯特龙的忠实顾客（当地人俗称为"Nordy"）。

作为一位父亲，一位丈夫，我每年都要在圣诞节的时候去诺德斯特龙购物。我知道他们会很周到地为我服务。我走进去随便找到某个区域的售货员，告诉他说："我需要给我的家人买礼物，这是他们的年龄、性别和兴趣等信息，你能帮助我吗？"

当我走出商场时，店员会把我为每个家庭成员选购的适合他们年龄、性别、兴趣的礼物包装好，我回到家就可以直接挂在圣诞树上，我的家人都会很开心。并且如果他们因任何原因对产品不满意，诺德斯特龙可以收回并更换不满意的产品。即便我的家人一年后不想要这个产品了，诺德斯特龙也会更换产品或退款，甚至不会提出任何的疑问。

所以每次圣诞节前我就会想到："圣诞节快到了，但我不必担心。"男性普遍讨厌购物，但我喜欢去诺德斯特龙购物，走进商场后只要看到任何一个店员，那个店员就会热情地为我服务，直到购物结束，并帮我把东西装进我的车里。

这就是我谈论这些的原因，也许读者读到这里都会想"我想去诺德斯特龙"。我喜欢这家商场。顺便说一句，最顶尖的公司的客户往往会介绍他们的朋友向你购买产品，因为你让他们感受到了极佳的客户体验。

所以你必须拥有自己的差异化领域，自己擅长的领域。产品或服务的差异性也非常重要，这是与客户建立联系的关键。

正如德鲁克所说，如果你没有竞争优势，就不要参与竞争，或者如果你没有竞争优势，就发展竞争优势。竞争优势是建立和发展公司的最低的必要条件。

如果你正在考虑创业，请记住六岁小孩问你的那个问题："你打算专攻哪个领域，你在这方面比全世界其他人做得更好的地方是什么？你产品的哪些特征是别的产品所不具备的？"

■第三大支柱是细分市场

这也就是说，你在观察市场中所有不同的客户时，你会意识到并非所有人都能成为你的客户。因此，你必须挑选出最能从自己擅长的专业化领域中受益的客户，这些客户比其他任何人都更想拥有你的产品，并且愿意为此支付更高的价格，因为你的产品对他们很重要。这就是为什么对于一款真正好的产品，当你向客户展示使用你的产品将给他带来的好处、改善或改变时，客户只会问："我怎样才买到它？我怎样才能使用它？需要经过什么样的过程？"他们不会说"多少钱？太贵了"。

四五年前，我的肩膀接受了肩袖手术。当时情况相当严重。人的一只手臂需要四根像钓鱼线或电缆一样的肌腱固定在肩膀上，我其中的一根肌腱受伤了。如果只是其中一条肌腱受伤了，可以使用物理疗法，通过伸展和运动使其逐渐恢复。

但我当时的所作所为十分愚蠢，我吃了止痛药后就开始游泳，

这相当于让我的肩膀持续受力，结果另外三根肌腱一根一根地相继折断了。我到了疼痛难忍的地步时才去看医生。医生让我做了核磁共振，拍了 X 光片。检查结果出来后，医生说："哦，我的天哪。你需要做一台大型的手术，手术需要非常严格的程序。"我们立刻安排了手术，因为我几乎无法忍受这该死的疼痛。

当我收到医生的账单时才发现，三个半小时的手术费用竟然高达83000美元。我问："我是否需要戴一个巨大的石膏罩在头上？"他说："你出院时，胳膊基本上已经康复了。"我对此非常惊讶，我原本以为自己将会面临一场持续数周的康复噩梦。他是绝对正确的，他说："如果你遵照医嘱进行康复锻炼，一年内可以恢复到一次游泳一英里的状态。"我的确按照他的医嘱做了。

后来我才知道，这位医生是世界上最受尊敬的肩外科医生之一，所以他手术三个半小时就可以收到83000美元的手术费。有趣的是，第二天我们又收到了一张手术账单，可我只是做了一次手术。第一张账单的数额是83400美元，第二张账单的数额是83500美元。我们认为一定是搞错了，一定是医院重复发了两次账单。

其实不然。第一张账单是那台时长为三个半小时的外科手术的费用，第二张账单是住院、门诊、麻醉等其他费用。即便如此，从全国各地飞过来的病人排着队，争先恐后地说："请为我做这台手术。"这些病人甚至不会问："要花多少钱才能在我的肩膀上缔造奇迹，让我在余生中都不用担心手臂和肩膀出现问题？"他们不在乎手术的费用。

幸运的是，我的医保能够报销这次手术的费用。但道理是一样的，如果你的产品能够对客户产生影响，他们会更关心如何买到产品，何时能买到产品以及多久能够送达。客户不会担心费用的问题。正如他们所说，如果一个人真的想要你的产品或服务，他们会想办法花钱购买。

■第四大支柱是专注

专注是商业生活中最重要的词之一。在谈论营销的时候我们谈到过，你要将自己所有的时间、精力、广告和促销集中于吸引潜在客户。你只需要关注那些最想要、最需要、最愿意最快为你的产品或服务买单的潜在客户。

去年，人们投入了大约200亿美元用于营销相关的研究。营销研究基本上是向人们提问，从而寻找适合某个产品或服务的客户。营销人员会调查客户的收入、背景、工作、职业和教育经历。

例如，我们刚在一个房地产开发项目里买了一栋叫出版人大厦（Publisher Building）的大楼。这栋大楼原来的主人从事有关划船、昂贵船只和游艇杂志的出版工作。他们会把杂志寄给谁？谁会订购他们的杂志？当然是那些拥有船的人，那些大腹便便但愿意为船花很多钱的人。那些购买和拥有船只的人才是你需要集中投放广

告，重点宣传的人群。

我们再次强调销售策略的四大支柱：第一，专业化。你专攻哪里？请记住，你必须能够向六岁的孩子解释清楚你专攻哪些领域。

第二，竞争优势领域，这也是广告最重要的部分，是企业的生命之源。你要知道你的产品或服务在哪些方面优于其他人的产品或服务，你的产品或服务的哪些方面对于客户而言非常重要，以至于客户更愿意购买你的产品或服务，甚至愿意为它支付更高的价格。

第三，市场细分。在市场上数以百万计的人群中，究竟谁会愿意购买你的产品或服务？这些人想要、需要也会使用你的产品或服务，他们也负担得起。他们认为你的产品或服务优于其他的所有产品或服务。事实上，假如客户想要购买某个产品，他们宁愿排队支付巨额资金，也愿意花费数月等待产品上市。

第四，专注。把自己所有的努力都集中在那些能最快购买自己的产品或服务的潜在客户身上，迈克尔·波特在他长达600页的硕士学位论文中也谈到了这一点。众多的书籍也谈到过类似的内容。

我有一个朋友曾在一所重点大学获得了硕士学位。他的主要研究方向是营销和竞争优势，因为这对所有的企业都非常重要。营销和业务失败的主要原因是不清楚营销策略的四大支柱是什么，以至于将广告投放在错误的地方。如果你的产品或服务无法满足客户的需求，目标客户也定位有误，那么你的商店内当然会空无一人。

此外，你还需要在公司中营造一种销售文化，以便每位员工都意识到销售对公司的生存和发展至关重要，并且客户是销售的关键。成功的公司里，上到老板下至每位员工，都喜爱和尊重自己的客户。他们都对客户体贴入微，就好像客户能够为公司带来一箱又一箱的钱一样。

有一种说法，如果员工或销售人员对客户不好，那是因为老板对客户不好。工作风格是自上而下的。你可以通过某个公司员工一直以来对待客户的态度了解到该公司高层对客户的态度。

顶尖的公司深爱他们的客户。一旦他们获得了一位客户，就永远不会失去那位客户。他们会照顾客户，愿意为客户做任何事情。他们竭诚为客户服务。他们会对客户不满意的产品进行退款或更换，他们认为这不是钱的问题，而是客户忠诚度的问题，因为客户对他们而言极为重要。

⑪ 销售过程的七大要素

不管是在销售的哪个环节偏离了轨道，都会导致你的失败。与其花两三天，甚至四天举办研讨会探讨销售的过程，倒不如弄明白销售过程中的七大要素。任何一项要素的缺失都可能会导致无法促成交易，最终导致公司破产。我们将这七大要素用七个"P"

来表示。如果你的销售额下降，则要反思是哪个 P 出现了问题。

销售过程的七个 P 是产品（Product）、促销（Promotion）、价格（Price）、地点（Place）、定位（Positioning）、包装（Packaging）和人员（People）。

■第一大要素是产品

如果你的销售额下降，你首先要反思自己的产品："我的产品是否适合目前的市场？销售产品的策略是否符合营销策略的 4 大支柱？我销售的是客户想要、需要且愿意为此买单的产品吗？"

事物经常变化得很快，有时公司每周、每月都会推出一个全新的销售项目。每次在推进新项目时，公司会安排10到20人负责这个项目，他们需要完成产品的开发，并确保产品是客户想要的。不管是出于什么原因，只要开发的产品销售情况不够理想，公司都会立即将产品从市场上下架，并对产品进行整改或直接淘汰这一产品。这就像跑步时氧气耗尽了一样：原因是你跑得太快了。当你开始反思这个产品是否正确的时候，你几乎可以100%地相信自己的产品很快就会变成错误的产品。

有时，即便是正确的产品，一夜之间也可能变成错误的产品。在前面的章节中，我们谈到了卡卡圈坊甜甜圈。虽然它是世界历史上最畅销的甜甜圈，但几周之内，它就停产了。卡卡圈坊甜甜圈店突然间就变得空无一人，很快就破产了。为什么会这样？因为他们太执着于自己的产品，并且拒绝对产品做出任何的改变。客户也知道这家店的产品一成不变。那么，它为什么不推出更具吸引力的产品？我想这是他们缺乏想象力，缺乏信心，不愿走出舒适区的表现。他们很乐意做甜甜圈，于是就不再花心思研究新产品，没有推出过任何的新产品去替换一成不变的产品。

所以产品是第一要素。如果你的销售额下降，你首先要反思自己的产品是否是正确的产品。

■第二大要素是促销

促销即你如何销售产品，涉及你采取什么样的销售和分销方式？你的广告和吸引新客户的方法是什么？你的销售流程是怎样的？你做什么让客户立即购买你的产品而不只是观望？

公司业务最大的变革方式之一是改变销售流程，销售流程的改变会使产品比以前更具吸引力。因此，你需要不断改进自己的销售流程。如果你无法实现成交，请对自己说："确实是我的责任，要么我的产品不再是客户最想要的东西，要么我们没有以客户现在想要购买的方式销售自己的产品。"

请记住，有说服力的销售演示会让客户给出"我现在就想要"的反馈。客户会认真听你介绍产品，听完后会对你说："我喜欢你的产品，我现在就买。"客户在询问价格之前就会表达自己的购买意愿。如果客户在了解你的产品之前就开始对价格进行争辩，这

意味着你的销售流程存在严重问题。

对产品的介绍或者宣传方式做出一点点更改，都有可能彻底改变业务的现状，有时是好的改变，有时却是坏的改变。多年来，杰西潘尼（J. C. Penney）一直是美国最成功的连锁百货商场之一，已经形成了定期进行大促销的经营理念。去过杰西潘尼的人都知道，他们可以买到顶尖厂商生产出的最优质的产品。每个月，有时是每周，商店都会定期举办一场促销活动，吸引大量的顾客蜂拥前来购物。

但是后来杰西潘尼总部的一些高管认为世界已经改变了，他们认为定期促销是杰西潘尼老旧的经营理念，所以他们决定制定新的经营理念，聘请苹果商店（Apple stores）的创始人成为公司的总裁。苹果商店是世界历史上每平方米收入最高的商店，这一点无人匹敌。

新总裁上任后就说："我要改变公司的营销方式。我们将停止所有的促销活动，再也不举行任何的促销活动，我们将经营更高质量、更高价格的产品，我们将采取不同的促销方式和不同的店内活动等。"他大刀阔斧地进行了改革，想要把公司推上新台阶。

不到一年，杰西潘尼几乎要破产了。那些习惯于杰西潘尼过去的促销方式和产品服务理念的老客户们纷纷说"太糟糕了"，然后转而去其他的商场购物了。记住，客户并不是没有地方可以购买服装或选购百货公司的产品和服务。

董事会不得不解雇这个人，然后找回前任总裁。前任总裁一手创办了公司并经营了公司多年，过去董事会的人觉得他太老派、太古板。他一周又一周、一个月又一个月地做着同样的事情，提供优质的产品、创造销售、计算奖金，等等。

董事会把已经退休的前任总裁又请回了公司，让他继续接管公司。他回来后继续推行已经施行了一百年的营销和销售方法。当时，很多大型财务投资机构认为杰西潘尼气数已尽，他们说："杰西潘尼要完蛋了，他们已经辉煌过了。"但杰西潘尼调整了经营理念，重新采用让他们当初走向成功的经营理念。正如我们所说，与能够让你成功的人共舞，公司最终扭转了局面。杰西潘尼忠诚的老客户又纷纷回来了：成百上千的家庭习惯了到杰西潘尼购物，感觉自己是这个大家庭的一员。公司的销售额增长了50%，从巨额亏损、几乎破产，转变为盈利。如今杰西潘尼依旧是在盈利的状态。

所以，促销方面微小的变化可以彻底改变公司的运营状况。你必须有勇气承认自己现在所采取的策略可能是无效的。衡量当前的策略是否有效的标准是它能否创造销售额。

如果你到一家诊所就医，医护人员做的第一件事就是为你测量脉搏和血压，因为脉搏和血压会反映你的身体健康状况。然后，医护人员会测量你的体温，这三项指标会告诉医护人员他们需要知道

的关于你身体健康状况95%的信息。商业世界中，大家唯一关心的事情就是销售。请思考，你是否能够促成有利润的交易？在一天的工作结束后，你是否能够赚到钱？

■第三大要素是价格

价格的微小变化也会极大地改变产品的吸引力。回想一下麦当劳和杰西潘尼这样的公司遇到的问题。他们采用了新的定价结构，为客人提供特别的赠品、奖品和折扣。杰西潘尼又重新采取了客户习以为常的营销方式。

我创办了一家从日本进口汽车的公司，并组织了54家经销商来销售这些汽车。其中一家经销商主营厢式货车，因为没有客户购买，那些价值数百万美元的货车都只能停放在码头上。比我经营得好的同行业的业务天才说："他们卖不动了，我们必须清空库存，所以只能降价处理。虽然会赔钱，但也只能咬紧牙关，减少损失。"

我说："等一下。我们为什么不加一个特殊的绞盘？这样就可以把车开上山了。我们为什么不在顶部添加一个特殊的架子？这样就可以开车去露营了。我们为什么不加个厚重的保险杠？这样就可以开车上下山了。"

这些零件的批发价为1000美元，安装这些零件后，车子的总体价格可以提高2000美元，再将车辆投放市场。我们立即安装了这些零件，给它取名为勘探者。没到两周，车辆就全部售出。我们选择的销售地点是山区。我们把车辆销往那些当地人非常想要开车穿越任何地形和翻越陡峭山坡的地区。有了这台车，你可以开车沿着河流前进，和家人一起露营。其他品牌和型号的车都做不到这一点。

我们没有降低价格，也没有因此亏掉我们去年的所有利润。反之，我们提高了价格并创造了2500万美元的销售额。有人说："这太疯狂了。"这的确很疯狂，但确实奏效了。

当客户担心价格太高时，商家的自然反应就是降价。但或许也有别的方法。或许添加一些新的或不同的东西可以提高产品的吸引力，即使价格更高，客户最终还是愿意购买。

研究产品的价格时，你要思考：是应该提升价格还是该降低价格，还是应该动态地调整价格？以及是否应该扩展产品或服务的内容？

■第四大要素是地点

客户在何处可以购买到你的产品或服务？当前的经营地点是适合销售该产品的地点吗？进店的人够多吗？有客户给你打电话吗？客户是否会进到你的营业场所购买你的产品？或许有时候你需要改变自己的经营地点。

许多年前，一位女士在盐湖城（Salt Lake City）的一个摩门教家庭长大。她的家境不错，母亲是一位很棒的厨师，做的饼干非常

美味。饼干中加入了黄油，所以饼干的口感非常棒。她也喜欢做饼干，所以就在母亲身边学习。

这位女士有五个孩子。在最小的那个孩子到了入学年龄后，她的时间就充裕了很多。周围的人总是说："你应该多做些饼干来卖，让大家都能吃到。你真的应该多做一些来卖。"

这位女士最终决定开一家饼干店。她在靠近主干道的一条小巷子里租下了一家小饼干店，店里原来就带有一个烤箱。于是她做好饼干后就挂上了招牌，饼干店就正式开业了，但鲜有人经过这条小街道。那是一条偏僻的、有点艺术气息的小巷子，所以鲜有人经过。

虽然那位女士做的饼干非常美味，但没有顾客光临。她没有被动地等待，她把饼干切碎，走到人流密集的主干道，让路过的人试吃，"来，尝尝这些饼干。"来往的人群会不经意地停下来拿起一块饼干，试吃后惊讶地说："天哪，这个饼干很好吃！真好吃！"

她接着说："我的店就在旁边的小巷子里，大家可以在我的店里买到你想要的所有东西！"人们开始沿着小巷往里走。她意识到，位置至关重要，尤其是对于饼干这样的零售产品。即便你能做出世界上最好吃的饼干，但如果没有客户经过或走进你的商店，你一片饼干也卖不出去。

于是，这位女士又租了一家店铺，这家店铺的位置是在主干道上。租金高了很多。周围的人试图说服她，让她找一个租金低一点的店铺，"你应该找一个便宜的地方。"她说："租金便宜固然好，但即便你租的店铺租金很低，如果是在没有客流量的地方，也一定会破产。"

她在主干道上开的一家饼干店的确有人光顾，但客流量还不够大。于是她说："我们还能做些什么？"她的哥哥是一位水管工，对她说："我们为什么不把饼干烤箱的管道取下来，把管道的排气口对准商店前面的人行道上呢？"

路人路过时不会注意到他们的门店，但他们会闻到这些饼干香甜的气味，和他们的母亲以前做的饼干的气味一样。天啊！路人开始纷纷涌入店内。后来，这位女士意识到人类都是视觉动物。于是她重新整理了商店门前的摆设，将饼干样品以竖立倾斜的角度放在漂亮的托盘中。独特的展示角度，香甜的气味，美味的饼干，让她的饼干看起来非常诱人。

她的名字是黛比·菲尔兹（Debbi Fields）。她开了500家连锁饼干店，并以近50亿美元的价格出售了所有的门店。我第一次听到她的故事是在夏威夷的毛伊岛（Maui）上。我问一些人："明天打算做什么？"

"我们要飞到主岛去买饼干。"他们说。

"饼干？"

"是的，岛上只有一家叫作黛比·菲尔兹的饼干店，我们一定要吃到这家店的饼干。"

他们一家人专程自费坐飞机去主岛买饼干。

"你能帮我也买几块饼干吗？"我说。

"你不会只买几块饼干的，你会买满满一大盒。"

"那就帮我买一盒吧。"

他们带着饼干回来了，饼干的确很好吃。周围的人看着他们，非常羡慕他们，因为饼干太好吃了。许多人都会专门从夏威夷群岛其他岛飞往火双鲁鲁檀香山，就是为了到黛比·菲尔兹的店铺买饼干。后来，机场有专门的巴士从机场把游客送到黛比·菲尔兹的门店，再把游客送回机场。夏威夷各个群岛都有直飞到黛比·菲尔兹的班机，当时黛比·菲尔兹的影响力非比寻常。

再说说麦当劳的创始人雷·克拉克（Ray Kroc）的例子。他为了购买某个店铺而不惜一切代价。他总是购买位于购物区中心的商铺，并且他总是购买房产。如今，麦当劳也涉足了房地产业务。麦当劳在世界范围内拥有大量的优质商业地产，价值数十亿美元。雷·克拉克意识到如果在主干道的十字路口购买优质的商业地产，地产就会增值，人流量也会增大。

地点很重要。人们租用或租赁某个空间，当租约到期时，可能会被迫离开或被迫支付两倍的租金。我曾与许多企业主合作过，他们租赁了一处房产，企业经营得非常成功。然而物业的业主这时找到他们，把租金翻了三倍，他们不能在此继续经营下去了。因为此时，这里已经变成一个非常受欢迎的地区，业主一夜之间就可以把房产租出去。

■第五大要素是定位

定位是客户对你和你的公司的评价，即你的声誉。请思考，你在市场中的定位是什么？客户是怎么评价你的？他们用的词是什么？所有有关"定位"的研究表明：定位就是客户用哪些词来描述你的公司。

如果客户谈起你或者谈起你的公司，他们会想到什么词？诚实、聪明、能干、热情、友好、可靠？

那么，你希望客户使用哪些词语来描述你呢？客户想到你以及你的产品或服务时，脑海中出现的词汇是否有助于提高你的销售额？

当然，很多人会选择"最好"这个词。但是你必须接着问客户，哪个方面最好呢？你如何定义产品或服务的好、更好和最好呢？像我们之前所说的，有时客户给出的答案很简单，就是能够更快地交付产品，或者员工比其他人都要礼貌、友好等这样简单的答案。因此，声誉不一定是能够提供非常伟大的产品，尤其是对于那些随处可以买到的产品。

所以你会问，我如何在市场中定位自己？我需要如何定位自己才能被视为行业中的佼佼者？你永远不会做或说任何与你塑造的形象不一致的事情，这就是你的定位，这就是你的声誉，这就是客户对你的看法和感受。

就定位和声誉而言，几年前我读到了一个对品牌的定义，几乎让我震惊到从椅子上摔下来。虽然这篇文章的长度只有一页半，却是我读过的关于品牌最好的文章。

什么是品牌？这篇文章指出，品牌关乎两件事。品牌是当你在客户购买你的产品或服务时做出的承诺，也是你在客户购买了你的产品或服务后所坚守的承诺。这是一个革命性的概念：品牌是你做出的承诺以及你坚守的承诺。

在客户购买你的产品或服务时，你做出了什么承诺？你履行了多少承诺？你所履行的承诺决定了整个企业的未来。所以，你必须清楚自己履行了什么承诺。

如果某家餐厅宣传说："您来我们的餐厅就餐，会享受到极佳的美食和服务，您一定会度过一个非常愉快的夜晚。"当你走进餐厅后，你的确也享受到了美食，和蔼的店员也为你提供了周到的服务。餐厅用承诺吸引你前来就餐，他们也兑现了自己的承诺。

所有成功的公司都会承诺给客户他们非常渴望的东西，并且也会兑现自己的承诺。这就是定位。再次说明：你必须清晰地知道自己的定位是什么。你要时刻用二八定律警醒自己 ——80％的老板不知道自己的定位是什么。

你公司的产品是什么？你的定位是什么？当你不在场时，客户对你和你的产品或服务有何评价？这些问题将决定客户究竟是向你还是向你的竞争对手购买产品或服务。

■第六大要素是包装

包装是你的产品或服务给客户和潜在客户所呈现的视觉外观。许多公司的产品非常优秀，但包装很差。起初，部分商家不愿意在信纸、包装或包装箱上投入很多钱，他们也不明白为什么客户一看到他们的产品就走开了。

我在培训项目中向我的几个客户解释过这个概念之后，他们就各自回到自己的公司继续工作。我的培训项目是每90天集中培训一整天。下次集中培训时，一对夫妻客户和我讨论了他们是如何应用这个概念的。他们对我说："我们想和你聊聊我们的故事。"

他们在当地创办了一家成功的企业，提供金融、投资和保险服务。他在另一家公司工作时觉得自己创业可以做得更好，于是便开始创业了。

公司的生意还算不错，他们两位也挺满意。大多数时候，他们会去客户家或营业地点谈生意，有时客户会来他家。他们最终决定租一间办公室，因为前来洽谈业务的客户太多了，并且根据土地

使用分区法，在家里谈业务也是不合法的。于是，他们搬到了一间办公室里谈业务。

但妻子却说："我们的生意反而变差了，公司挣扎在破产的边缘。客户来到我们的办公室后，虽然他们表现得彬彬有礼，但环顾四周，走出办公室后就不回来了。我们的成交量非常糟糕。"

"让我猜猜，"我说，"当你从家里搬到新办公室时，为了省钱，你把原来的家具搬到了新办公室里。"

"你怎么知道的？"

"因为所有企业家都是这么做的。他们以为客户不会注意到这些细节，所以他们从地下室或车库搬出了自己的旧家具、旧地毯摆在新的办公室，把旧画也挂在新的办公室里。客户走进新的办公室后，他们的第一感觉就是，所有的陈设都非常的廉价。你希望客户把自己的钱和未来的财务状况托付给你，但你却看起来一贫如洗，非常廉价。所以，你为什么不花上几千美元装饰自己的办公室，比如买些漂亮的画、漂亮的地毯，安装一套不错的音响设备等，看看会发生什么。"

三个月后，又到了我们再次碰面的时候，但这次见面时，他们笑容满面。过去，有一些客户看过他们投放的广告后会慕名来到办公室洽谈业务，但他们与这些客户的成交率一直不高：十位来访的客户只有一人会成交，并且成交的金额也不高。而如今，十位来访的客户中，有四到五位最终能够成交。

丈夫说："我很惊讶。几乎所有客户走进办公室后的第一句话都是：'你的办公室布置得真不错。'"这就是心理学中所谓的"光环效应"。通俗来说，如果你的办公室布置得很有吸引力，看起来很昂贵，客户会以偏概全地认为你的公司的一切都是优质的。客户会认为你能够高质量地完成工作，能够产出高质量的工作成果。这对夫妇告诉我说："在过去的三个月里，我们的成交量增加了两倍到四倍。"

顺便说一下，我的培训项目能够帮助客户实现收入和休息时间翻倍。如果客户的收入和休息的时间没有翻倍，他不必付钱，我会把他交的培训费退还给他。这个例子恰恰也证明了为什么我不用把钱退还给我的客户，有时只是一个简单的想法，比如让其办公室布置得更具吸引力，便可轻松实现收入和休息时间翻倍。请记住，人类是极其视觉化的动物，人类所看到的任何东西都会影响他们的潜意识、情感、决策和信任。所以，你要确保客户看到的一切都极具吸引力。

我的一位年轻客户，大约28岁，一直在房地产行业努力打拼，但他却留着像教授一样的胡须。他一般是通过电话和客户预约，列出工作事项清单，随后去拜访客户，但客户见到他后，成交的热情就会消退。

他问我为什么："虽然我很努力地工作，但我根本赚不到钱。每当我拜访一位客户后，客户就决定不与我合作。"

"有研究表明，一个人留胡须会被认为是需要隐瞒某些东西。"我说，"所以你的客户会认为你不够诚实，就像过去的蒙面强盗一样。"

客户会下意识地做出这样的决定，这不是他们在纸上计算后得出的结论。当客户见到你，就下意识地决定不信任你，不会与你做生意。虽然他们喜欢你，和你交谈，但他们不够信任你，不会把钱托付给你。

"这就是我的个性，"他说，"这就是我表达自己独特性的方式。"我觉得"臭美"这个词是对他最贴切的形容。

我说："没关系。只要你甘于受穷，你可以继续这样做。只是你注定会贫穷和失败。"

一个月后我收到了他的来信。信中，他告诉我，那天对话后，他反思了很多，意识到我的话是对的。于是他剪了个彰显专业态度的发型，换掉了往常的开领衬衫，改穿西服。看起来精神了不少。信中，他还说到，他的业务也火爆了起来。接下来的一个月里，他的成交量超过了过去一年的成交量。他无法相信视觉外观的改变能够产生如此大的影响。

IBM 创办之初也非常看重销售人员的外表。IBM 发现，公司

99％的业绩取决于客户对他们的销售人员的看法。因此，IBM 为了确保公司的销售人员保持良好的形象，从一开始就制定了着装要求。当时销售人员几乎都是男士。公司规定销售人员必须穿着深蓝色西装、白衬衫、锃亮的黑皮鞋，佩戴深色领带，留保守发型。所以当你遇到任何一位 IBM 的员工，他们都会保持这样的良好形象。

我的一个朋友被 IBM 录用了。第一天上班时，他穿着一套为了参加高中毕业典礼买的旧西服。

他的领导问他："你穿的到底是什么？"

"您的意思是？"

"你穿的是什么？"

"我的西装。"

领导说："在办公室里穿成这样不太合适。在 IBM 的办公室里，你要穿得像 IBM 的员工。"

我的朋友说："好吧。我会买一套新西服，明天就换上。"

"不，你现在立刻就去买。"

"我甚至不知道要去哪里才能买到昂贵的西装。"

"你去第三街的哈利裁缝店。"

当时是早上 10：00 左右，于是我的朋友离开办公室去了哈利裁缝店。哈利走了进来，问我的朋友："你是 IBM 的新员工？"IBM 每一位被经理赶下来的新员工都来这里做西服。

我的朋友买了一套漂亮的西服。他说这套西服改变了他的职业生涯。刚开始在 IBM 工作的时候，他每天都会穿着得体。最终，他晋升为一名销售经理，管理着一个人数众多的团队。他需要向一半的员工介绍如何穿着得体。

我记得自己得到的最好的赞美之一是，一家酒店的高管对我说"你看起来像是 IBM 的员工"。我不止一次得到过这样的评价，因为我一向穿着体面。在我职业生涯的早期，我被前辈教导要穿着得体，所以每当我出席商务场合时，我总是穿着得体，甚至穿得比一些高管更体面。

我知道穿着得体很重要。但直到那位 IBM 的高管说"你穿得像 IBM 员工，你的穿着就是我们想在客户面前塑造的那种形象"，我才知道穿着得体到底有多重要。因为我得体的穿着，IBM 以当时最高的价格与我签订了 30 次的合作协议，真的是一笔不错的收益。

你要审视自己的穿着。规则是：一切都很重要。如果你的穿着不能为你加分，势必会为你的业务带来负面的影响。想想你的客户，你的客户的穿着如何？他们呈现出了怎样的形象？他们留着什么发型？他们穿什么衣服？你必须穿着得体，客户才会尊重你，敬重你，重视你。

这些年来我多次遇到过这样的情况，我把某个人拉到一旁，很委婉地告诉他们："如果要想成功，就必须改变自己的穿着，你现在的穿着看起来不像是一位成功人士。"其中的一些人对我很生气，有的人很气愤。但是更多的情况是，他们当中的很多人找到我说："你的忠告改变了我的生活。我起初根本没有意识到穿着的重要性。我来自一个普通家庭，我的父亲从不穿西服，我也从未结识过任何穿西服的人。我从来没有意识到我的外表会影响客户对我内在的评价。"

■第七大要素是人员

与客户交流的人对于营销和销售的成功至关重要。几年前，北欧航空服务公司（Scandinavian Airlines System，SAS）陷入了严重的财务困境。公司亏损了很多钱，所以董事会把时任的总裁和管理团队都赶下了台，任命了詹·卡尔森（Jan Carlzon）为新的总裁。詹·卡尔森虽然年龄稍长，却是一位享有盛誉的高管。他接任总裁后，几乎彻底扭转了公司亏损的局面。

他发现，无论乘客是否乘坐 SAS 航班，与乘客电话沟通和在值机柜台前与乘客打交道的员工都会影响公司的声誉。他说："每一次潜在乘客与 SAS 的工作人员接触的那一刻，都是决定公司命运的关键时刻。"

卡尔森写了一本名为《关键时刻》（*Moments of Truth*）的书。SAS 的所有员工都接受了培训如何让每一次的关键时刻都成为令客户满意的时刻。每位高管都被要求至少在欧洲各地机场的行李

托运柜台工作一整天。除了负责托运行李外，这些高管还被要求在飞机上担任乘务员，为乘客分发咖啡、水和食物。服务的过程中，这些高管会与乘客交谈，询问乘客："你喜欢这次的飞行经历吗？为了更好地为您提供服务，您认为我们哪些地方需要改进呢？"高管们轮流在机舱内担任乘务员，这使得公司的所有员工持续地面对面、蹲下身来为客户服务。

过去，如果客户或客户的行李等其他方面出现问题，员工需要去找主管询问该如何处理。卡尔森说："取消这一步骤。从现在开始，所有员工凭自己的判断力来解决和处理海报中出现的问题。遇到问题，就解决问题。如果客户遇到任何有关行李、座位等其他方面的问题，必须在客户离开柜台前得到解决。如果客户在离开柜台时，他们的问题得到了解决，就等于创造了令客户满意的关键时刻。"

就这个话题我可以说上几天几夜。你的工作和业务是让每一个与客户接触的时刻都能成为关键时刻，并让客户认为与你交谈令自己非常开心。客户不可避免地会遇到一些问题和困难，但当他们找到你时，你要能够立即帮他们解决。

如果你能够做到这一点，客户就会记得那个温暖幸福的时刻。客户会说："我的问题、紧张和压力全都一扫而空"。这样一来，客户就会像橡皮绳上的球一样来来回回地向你购买产品或服务。

这就是销售过程中的七个 P。你要不断反思自己的这七大要素：你的产品怎么样？它是在正确的地点所出售的正确的产品吗？它的定价是多少？对于当前市场、你的竞争对手和你的客户来说，产品的定位是否合适？你的促销方式，即营销、销售和吸引客户的方式，是否有效？你的包装如办公场所布置得如何？你的人员如何？

再谈谈当今世界上最伟大的商业传奇亚马逊。亚马逊以在线销售书籍起家，如今他们又逆向而行，在各个主要地区都开办了实体书店。亚马逊逆流而上又回到了行业的顶端，因为亚马逊使实体书店的购书体验变得非常方便。走进亚马逊的实体店后，你可以在店内四处逛逛，选购所有想买的东西后可以直接走出书店，电脑会自动进行结算。为什么要采取这样的运营模式？因为这正是客户想要的方便快捷的购书体验。

亚马逊调研出什么是最受欢迎、销量最高、客户反复购买的产品后，便会立即供应这些产品。亚马逊不会在商店中销售所有产品，也不会提供某一产品所有的尺寸，而是只会供应一种非常受欢迎的产品的一种尺寸，这样客户进店后，就可以快速地选好产品，随即离开。你也可以给店员发送消息告诉他们自己五分钟后到达，店员会安排人手在店门口等着你并将产品放进你的车里，方便你可以直接开车离开。

这一举措，威力十足。你如何与一家如此执着于客户服务的公司竞争？这样的公司一直在寻找方法让每一个关键时刻成为真正令客户满意的时刻。

正如我所说的，在我开设的针对企业主的培训项目中，我保证让所有的学员都能实现"两个翻倍"：你的收入和休息时间都会翻倍。第一天，我就教他们一系列别人需要一年才能学会的技巧。七天到一个月的时间，学员的收入就开始飙升。接下来，我要论述一些我在培训项目中教授的最重要的内容。

 开始行动的三个步骤

第一步，准备一个线圈小笔记本，就像读书时的笔记本一样，每天写下自己的前十个目标。例如，将"我在 2019 年赚 X 美元"这个句子改写成一般现在时，就好像这已经成为现实并且正在发生。

写出了自己的目标后，你的潜意识会一天 24 个小时都在为目标努力。你的潜意识会赋予你一种特殊的能力，只允许你从事积极的活动，逐步实现自己的目标。

第二步，多做、少做、不做、开始做。选出自己最重要的目标，每天为实现自己最重要的目标做一定的努力。写下你的前十个目标；第二天回来，打开笔记本，在不看之前所写目标的情况下，再写出十个目标。这不是描摹字帖，不要照搬照抄。每次都写出自

己的十个目标，这些目标都不相同，它们会越来越深入地渗透到你的潜意识中。

最终，这些目标会激发你的超意识。你的超意识会转变为你的动力，所有成功的人都凭借超意识变得富有，他们通过不断地写下、重写自己的目标，使自己更加清楚地意识到自己的目标是什么，从而使自己的潜意识和超意识一天24个小时都在为实现目标而努力。清晰的目标至关重要。

如果你把目标写下来，目标的定义就会改变，有时是一个词的变化，有时可能是一个逗号的变化，但你会越来越清晰地意识到自己的目标是什么，也会开始越来越快地朝着你的目标前进，你的目标也会开始逐步向你靠拢。

我发现改善生活或工作的唯一方法就是做出一定的改变。因此，我将这第二步称为多做、少做、不做、开始做。在你的余生中，这四种做法能够使你的业务朝着更富有成效的方向改变。我将这四个词定义成四个问题。

第一个问题是："我应该多做些什么？我的业务中最有效的做法是什么？"

有人说："我做的一些事情真的很有效，另一些事情效果并不那么好。所以我会把自己的时间平均分配到各项活动中，各项活动都会占据我一小部分的时间。"

　　时间管理中的一个重要问题是，哪些是我能做并且只有我能完成的工作，出色地完成这些任务会对我的业务产生重大的影响？这就是你应该多做的事情。那么，你现在所做的哪些事情给自己带来了最好的结果？

　　第二个问题是："我应该少做哪些事情？我应该减少做哪些事情的时间？"答案是少做那些无法给你带来想要的结果的事情。你减少了做这些事情的时间，便可以腾出更多的时间做那些能给你带来最好结果的事情。

　　第三个问题是："哪些是我应该开始做而现在没有做的事情？"在我的职业生涯中，我可能需要开始做五件、十件甚至是一百件事。但人都想待在舒适区，人类最难克服的心理障碍就是做一些新的不同的事情，开始做一些以前从未做过的事情。

　　企业陷入困境的主要原因是他们没有足够的动力开始做一些以前没有做过的事情，不断地退回到自己的舒适区。有些企业在发布新产品或服务、停止供应旧产品或服务、雇用新员工或解雇现有员工的问题上不断地拖延。

　　第四个问题是："我应该完全停止做什么？"你要不停地问自己："为了成功，我目前需要开始做什么，并且迅速开始做什么？"这个问题总是有答案的。无论你今天在做什么，如果你所做的有些事情已经陈腐过时，你根本就不应该做这些事情。在每项业务中，一定有一些你正在做的事情虽然看起来卓有成效，因为这些事情可能在某个时候给你带来了很好的结果，但现在你应该停止做这些事情了。

第三步是整个过程中最重要的一步。我称之为零基思维。零基思维源于零基会计。提出零基会计的人如今依旧是会计行业的传奇人物，他提出了这个概念：与其每三个月、六个月、九个月、十二个月、每个会计期间增加或减少公司在某个特定领域的支出，不如反思一下公司是否应该在这个领域投资，把每一笔支出都看成一次全新的支出。这完全改变了一些公司审视自己的账簿、财务、会计和未来活动的方式。

第一个层面，对于个人而言，零基思维提出了一个黄金问题：根据我对现在情况的了解，如果重新来一次，我不会开始哪些我目前正在做的事情？我称之为 KWINK 分析，即 Know What I Know Now（根据我现在所了解的情况进行分析）。请思考："有没有什么事情是我正在做的，但如果重新来过我不会做的，甚至根本不会开始？"

如果真的存在这样的事情，那么下一个问题就是"我该如何结束这件事情？多久结束？"迅速行动，不要拖延！不要拖延！不要等到下个星期或下个月。就好比你的公司里有这样一位员工，你意识到他不适合你的公司，请立即解雇他，让他离开公司。立刻解雇他，不能拖延到下午或者午饭后。一旦你做出了决定，一旦你认为鉴于与该员工过去的共事经验，你如今不会再次雇用他，请及时止损。

究其一生，你的生活中经常需要处理以下三种类型的关系：个人关系、职业关系、商业关系。你生活中遇到的85%的问题都是人际关系的问题，如果你意识到自己不应该陷入这样的关系，就应该立刻摆脱这样的情况。所以遇到这种情况，不管是什么类型的关系，不管你现在在做什么，你都应该停下手头所做的事情，立刻结束这段关系。我已经向数百万人提供了这条建议，他们日后都对我说，他们不敢相信自己后来的生活发生了如此美好的变化。

当你最终决定停止做某件事情或结束一段糟糕的关系时，你会有两种反应。第一种反应是："我早就应该这样做了，为什么我等了这么久？"第二种反应是，你会感到自由或兴奋。你会感到非常快乐，因为当你终于停止所做的事情或彻底摆脱糟糕的关系时，你会无比开心。

第二个层面，是对于与你的业务相关的所有事情而言。我已经带领成百上千的企业主经历了这一过程，他们每个人都提出了钻石般宝贵的想法，起到了使公司转型的效果。我们首先会讨论产品：根据你对目前情况的了解，你不会再继续经营哪些目前正在经营的产品或服务？你不会把那些没有任何市场需求，或者竞争太过激烈的产品推向市场。

通用电气（General Electric）花了多年的时间在全球范围内建立了一个包含多家分公司的集团，但他们决定只保留4家分公司。原因在于他们认为："即便原来所有这些公司都在盈利，但我们永远不可能发展成为全球的领军企业。我们永远无法获得真正丰厚的利润，却在时间、人员和金钱方面消耗了大量的资源。"因此，通用电气决定大幅缩减公司规模，退出他们花了几十年时间才站稳脚跟的一些主要行业。

结果如何？通用电气宣布了这一消息时，公司的股票价格飙升，股东纷纷欢呼："这是一条真理。虽然你可以盈利，但如果你在过多的领域消耗了所有的资源，那么公司无法健康发展。"

通用电气花了几十年的时间扩张公司的业务，而如今又迅速在各个领域削减开支，因为他们意识到，如果从头来过，公司不会再涉足这些领域。

所以你也要审视自己所有的产品和服务，反思自己的定位，分析自己的客户。

成功的公司通常每年都会选择不再与最糟糕的客户合作。他们会与客户坐下来，分析账目：客户买了多少产品？客户购买的产品能给自己带来多少利润？这个客户会遇到多少麻烦？客户是否是优质的买方？

他们停止与利润最低的10%到20%的客户合作。为了摆脱劣质的客户，公司会告诉他们，因为定价结构、变化等其他各种原因，"明年我们将把产品的价格提高20%到50%"，意图使这些顾客主动停止合作。公司希望在没有敌意，也不带任何消极情绪的情况下终止与利润较低的客户合作。

你可以审视自己业务流程的各个环节，比如广告、促销或筹款等，以及自己主打的本地市场、全国市场和国际市场，还有自己正在打交道的客户。问问自己，如果重新来过，你会再次进军这个行业吗？

过去几年我多次到巴西做演讲，每次去三四天。巴西是世界上人口最多的国家之一，拥有2亿人口。几年前，沃尔玛涉足巴西市场并大获成功。他们像在瓜达康纳尔岛（Guadalcanal）作战的美国海军陆战队一样，迅速席卷了全国，在全国各地开设了数百家门店并沿用了沃尔玛惯用的经营方式。

大约五年后，沃尔玛意识到自己的运营方式不适合巴西人的思维方式、巴西的市场，以及巴西的定价、销售和竞争，所以沃尔玛宣布退出巴西市场。众人都在嘲笑沃尔玛犯了一个重大的商业错误，但沃尔玛却说："我们意识到我们犯了错误。进军巴西市场在当初看来的确是个不错的想法，但当初如果我们能够像现在这样对巴西的市场和竞争如此了解，我们不会做出当初的决定，所以我们要退出巴西市场。"

沃尔玛在德国也犯过同样的错误。沃尔玛起初也积极开拓新市场，但遭遇了一次失败的经历后，意识到这不是一个好的选择，因此才有勇气做出如此艰难的决定，有勇气修正先前错误的决定并撤出错误的市场。这是领导者需要具备的最重要的品质。

在美国，我曾接触过某一类型的高管。他们被称为扭转局面的专家，虽然鲜有人知道他们，他们的事迹也鲜少登上报纸。

假设一家公司遇到了严重的麻烦，销售额、盈利能力等各项指标一直在下降。让公司陷入困境的高管不想走出舒适区，所以无法带领公司摆脱困境。那些高管无法做出为了扭转公司颓势而必须做出的艰难决定，所以公司不得不解雇这位高管，聘请一位真正强硬的、冷血的、能够扭转局面的高管。

扭转局面的专家既没有经历公司的创业阶段，也没有参与公司的发展阶段，他们只有一个目标：使公司盈利。所以他们到公司工作后便将零基思维应用于公司业务的各个环节："根据我对现在情况的了解，如果重来一次，公司现在做的哪些事情是我不会再做的？"

每当你在报纸上看到一家公司变更了管理层或任命了新总裁，几周后，这家公司又裁员了10000人，关闭了10家工厂，关闭了600家门店等这样的消息时，就是因为公司聘请了外部的专家帮助

公司扭转当前的局面。

我和这些专家一起合作过，他们说扭转一家公司所面临的困境其实很简单。首先，他们会对公司的所有部门和所有员工进行KWINK分析。他们与员工交谈后，会反思：我会再次雇用这个人吗？他们会审视部门中的每一位员工，并与部门的高管坐下来讨论："这是这位员工的姓名、背景和经历，如果他们今天再次应聘现在的岗位，我们会再次雇用这个人吗？"如果答案是否定的，就立刻裁掉这位员工。终于有人有勇气和决心做出艰难的决定，而在一些公司，早就应该有人做出这样的决定了。前任高管糟糕的决定使公司处于濒临破产的境地，因为他们没有勇气切断影响公司发展的要素，没能及时止损。

随后，你要反思自己投入的时间和精力。反思自己在生活中在各个方面付出的时间和精力，其中压力是需要反思的关键因素。生活中的哪些方面让你倍感压力？不管它是什么，都要进行审慎的思考。你坦诚地对自己说："如果我不得不从头开始，我如今依然会这么做吗？"如果答案是否定的，再思考"我该如何撤出，多久才能撤出"。

不论是在生活中，还是在工作上，你都需要将KWINK分析作为引领自己前进的工具。面对瞬息万变的经济形势，处于发展阶段的中小型企业必须不断地反思这个问题。每当你碰壁的时候，每当你遇到问题的时候，每当产品销售不理想的时候，每当遇到不称职的员工时，每当销售或利润增长放缓时，都应该立即消除任何导致这些情况出现的不利因素，不让困境愈演愈烈。你要思考"如果我们不得不重新来过，我们是否会再次陷入困境吗"。随即鼓起勇气立刻消除不利因素。

许多人自己本身就是扭转局面的专家，例如贝恩公司的米特·罗姆尼（Mitt Romney），原本也是风险投资专家，收购了一家陷入严重困境但潜力巨大的公司。

为什么公司的老板和管理层无法解决公司面临的问题？因为他们缺乏勇气。他们只想按部就班地发展下去，并寄希望于情况出现转机。但他们只是祈求情况出现转机，而不采取行动。

几年前有一本名叫《希望不是战略》（*Hope Is Not a Strategy*），光是书名就值这个价。大量企业将希望作为企业取得成功的基本策略。

米特·罗姆尼和他的员工发现一家因管理不善而被高度低估的公司，他们以非常优惠的价格收购了这家公司，随后裁掉了所有的老员工，并停止经营利润最低的80％的产品和服务。继而，他们将所有的资源投入提高排名前20％的产品的利润，不仅降低了成本和开支，还增加销售额和盈利能力。长此以往，他们最终使数千员工免于失业，拯救了数十家濒临破产的工厂，也提高了公司所

在城市的知名度。他们不仅挽救了自己的职业生涯，公司的股价也上涨了五倍。

我和这些人一起工作和相处时，他们向我讲述了他们所做的事情。他们真的非常优秀，因为他们有财务管理能力去收购一家公司，终止一切自己不应该再做的事情，并一次又一次扭转公司的局面，使公司获益数亿甚至是数十亿美元。贝莱德集团（BlackRock）是史上使公司扭亏为盈的典型案例之一。如今，贝莱德集团在全球范围内管理着价值一万亿美元的资产。早期，贝莱德集团只有几位员工，但大家的想法一致，随后贝莱德收购了一家小公司。

所以，鼓起勇气问问自己：公司面临哪些压力点？公司在哪些方面承受了很大的压力、不够顺利、没有取得进展？如果公司现阶段从该领域撤出，是否会想再次涉足该领域？如果答案是否定的，那么公司一定要尽快从该领域撤出。

就此，我给出自己的三点建议：第一，树立非常明确的目标；第二，反思四个问题，多做什么，少做什么，开始做什么或停止做什么；第三，零基思考。即便你目前在生活中所做的一些事情还未曾让你感到压力或不快乐，如果重来一次，你还会做这些事情吗？如果答案是否定的，请尽快停止做这些事情。

最后，我想补充以下几点结论。

第一点，与人类历史上的任何时期相比，当今社会有更多的机会让更多的人在商业上取得成功，并且未来也会有更多的机会。所以当今社会不缺少让人成功的机会。

当今世界大多数最成功的企业都创办于经济最萧条的时期。苹果、谷歌、微软皆是如此。

IBM 创办于 1928 年。公司刚刚有所发展，总体的经济形势就崩溃了 10 年到 20 年。经济复苏之后，IBM 就摇身一变成了行业中规模最大、发展最快的公司之一。有人不理解 IBM 的 CEO 大托马斯·约翰·沃森（Thomas J. Watson, Sr.）在大萧条时期登广告招聘销售人员，于是问他："你为什么还在招聘新员工？而其他所有公司都在裁员。"

"我现在 50 多岁了，"他说，"像我这个年纪的成功人士都养成了一些怪癖，比如酗酒、吸毒、追求女孩。而我的怪癖是喜欢雇用销售人员。"

这就是他应对经济萧条的方式，在其他公司都在削减开支时，他招聘新的销售人员出去跑销售，开展商业活动。当经济得到复苏后，IBM 已经发展成为规模最大、最赚钱的公司之一。

有人说："是当时的经济形势造就了 IBM 的成功。"一位伟大的哲学家曾经说过这样一句话："记住，机会总是蕴藏在危机之中。"因此，你所拥有的机会是无限的。

第二点，打造一家成功的企业所需的任何知识都是可以学习

的。我在那些积累了数亿美元甚至数十亿美元财富的人身上验证了这一点。创业之初，他们一无所有且对所在的行业也一无所知，只是听说这个行业前景很好。于是他们开始做相应的研究，每天学习几个小时，参加会议，与他人交流，积累知识。在不知不觉中，他们开始在该行业中不断成长，并很快发展成为行业巨头。

多年前苏联解体时，我与一位读过我的书的人一起工作。他的工作是在圣彼得堡的一家医院推轮床。他意识到医院的这份工作永远不可能让他成功，于是他开始卖东西，低价进货，加价卖出，用卖东西赚到的钱进更多的货，如此循环。

后来，他辞去了医院的工作。渐渐地，他发现钾盐是化肥和钢铁等多个制造业都必不可少的原料。于是，他开始研究钾盐。当时全球的钾盐行业混乱不堪。最后，他建成了世界上第二大钾盐公司，并成为历史上最富有的人之一。

这个人创业之初还在医院推轮床。他和我谈到了这样一个事实：如果你发现了一个蕴含着机会的行业，你可以学习任何你需要学习的东西。虽不能保证一定能够大获成功，但有时候，如果你认准一个领域，并且全身心地研究该领域的所有知识，你会发现一个其他人都不曾发现的机会，它能使你在一两年的时间里取得别人终其一生都无法取得的成就。

我在报纸上经常读到有关收入、不平等以及缺乏生产力的文章，但最重要的是，那些不断学习和成长的人一直在不断地发现和创造机会。事实上，有些时候，他们拥有太多的机会，以至于他们不知道从哪里开始，从哪里结束。

世界瞬息万变，所以当你发现一个机会后，就要全身心地去学习你在那个领域所能学习的一切知识，继而拼尽全力抓住机会。就像玩德州扑克时掷骰子一样，先全力以赴，之后看看会发生什么。当然，没有必要冒着破产和失去一切的风险，只需要不断地前进、不断拼搏、勇往直前，永远不要退缩。

第三点，要记住你能够做得到。你拥有一百辈子都用不完的能力，只要你不断地学习、练习和研究，提早上班、晚点下班。

第四点，下定决心、永不放弃。你永远不要放弃，努力坚持，不断尝试。

最后，我想用一个为什么有人能够在商业上取得成功的故事作为本书的结束。巴布森学院（Babson College）是美国顶尖的大学之一，修完两年或三年的研究生课程后即可获得相应的硕士学位。

罗伯特·朗斯塔特（Robert Ronstadt）博士是巴布森学院的教授，他花了13年时间研究获得了 MBA 学位的人毕业后的发展道路。MBA 学位的部分课程要求学生在实际中去设计、创办和建立一家公司，这也就囊括了本书中讨论过的所有内容以及除此之外的许多相关的内容，以便学生真正深入了解他们需要的所有知识。

他的研究表明，90%获得该学位的人并未真的学有所用，而是供职于某家大型的公司。一部分人为工资工作，另一部分人回到家族企业工作等。只有10%的人运用了所学的内容，在这部分人中，创业成功的比例非常高。

研究人员研究了这些人是如何成功的，发现成功的转折点出现在他们决定创业的时候。随后这些人便开始行动，这就成了成功的转折点：他们决定要创业，然后朝着走廊尽头的目标前进。有人称之为"走廊原则"。

走廊原则意味着：当你站在走廊的起点，走廊的尽头是你的目标，即创办一家成功的、利润高的企业。你开始沿着走廊朝着你的目标前进时，会不可避免地遇到许多在创业之初无法预见的障碍。就好像一扇门关上了，你无法继续朝目标的方向前进，但是每当有屏障阻挡你前进的道路时，一扇新的门会在右边或向左边为你敞开。

这时，创业者会沿着一条新的走廊继续走下去，他们会在新的走廊的尽头看到自己的目标，即新产品、新服务或新的可能性。他们便继续朝着新的目标前进，但又会因为各种原因遇到其他的阻碍。有时是经济衰退，有时是自己资金短缺，有时又会是产品或服务过时。但总会有另一扇门为你敞开。

创业者每每沿着机会走廊朝着自己的目标前进时，一扇门就会关闭，但另一扇门也会随即为之敞开。这就好像穿越迷宫，但如果你不走到那扇门之前，你永远无法看到那扇门会关上。并且直到你走到那扇紧闭的门前，你才能看到有另外一扇门正在为你打开。

最终，经过数周、数月，甚至是数年的努力，这些人会实现他们位于走廊尽头的目标。公司会经营得非常成功，发展势头良好，利润丰厚。此外，他也会很富有，受到他人的敬重。

创业者表示，整个过程中最重要的环节是首先要开始付诸行动并沿着走廊走下去。有些人失败的主要原因是他们总是能找到不付诸行动的借口。比如，他们会说现在不是非常合适的时机，也不是非常合适的地点，下个月或明年再行动吧。因此绝大多数（90%）获得 MBA 学位的人只是为了工资而工作。

"走廊原则"是获得成功的重要原则。付诸行动，开始沿着走廊往前走，每扇门都会为你打开。你会获得成功所需的所有资源，只是当你出发时你发现不了它们。这些都是你当初意想不到的，因此你只要不断前进即可。

我的一位俄罗斯朋友在经历了令人难以置信的困难和贫困后，仍然继续前进。他是一个非常友善，非常随和，非常单纯的人。如果你在街上遇到他，你可能会以为他是一名公交司机或者是一位店员，但他有不断前进的品质，也正是这样的品质帮助他实现了商业上的巨大成功。虽然这是一个特别的例子，但这样的例子在世界

各地、在整个人类历史的长河中，都真实地发生着。

因此，如果你决定开始创办一家成功的企业，就要立即付诸行动。成功的关键是不断前进：开始行动并下定决心永不放弃。无论发生什么你都永远不要放弃，经历了失败后，重整旗鼓，继续前进，就像被撞倒的足球运动员一样，站起来继续拼搏。

跌倒多少次不重要，关键是有多少次能够站起来继续前进。因为如果你能站起来继续前进，就一定能够收获成功。

你沿着走廊走得越久，学到的东西就越来越多，见解也会越来越多，因此你会越来越强大、越来越自信，也就越有可能获得成功。你会认识更多能够帮助你的人，也终将创造不平凡的成就。

博恩·崔西职场制胜系列

《市场营销》
ISBN
978-7-5046-9127-9

《领导力》
ISBN
978-7-5046-9128-6

《谈判》
ISBN
978-7-5046-9166-8

《管理》
ISBN
978-7-5046-9167-5

《激励》
ISBN
978-7-5046-9168-2

《高效会议》
ISBN
978-7-5046-9182-8

《时间管理》
ISBN
978-7-5046-9195-8

《授权》
ISBN
978-7-5046-9196-5

《商业战略》
ISBN
978-7-5046-9200-9

《销售管理》
ISBN
978-7-5046-9259-7

《涡轮策略》
ISBN
978-7-5046-9274-0

《涡轮教练》
ISBN
978-7-5046-9273-3

《重塑自我》
ISBN
978-7-5046-9282-5

《压力是成功的跳板》
ISBN
978-7-5046-9289-4

《个人成功法则》
ISBN
978-7-5046-9393-8

《创造力与问题解决法》
ISBN
978-7-5046-9315-0